环境法律文书

刘佳娉　主编

李莉霞　彭丽娟　副主编

化学工业出版社

·北京·

《环境法律文书》是一本综合性、应用性很强的环境法律方面的基础工具书。

本书介绍了环境法律程序法和实体法的专业知识，也涉及写作的基本规律和语言文字的运用技能。涵盖了环境行政法律工作中涉及的行政处罚、行政许可、行政诉讼以及行政复议等多个方面，结合当前环境法律法规的修订、国家机构改革的变化，对文书内容做出了调整，进一步规范和统一环境法律文书的写作标准，提高文书质量。

本书既可以作为高等学校、职业院校环境类专业学生学习环境法律文书的教材，也可以作为环境法律服务工作从业人员的培训用书以及工具书。

图书在版编目（CIP）数据

环境法律文书/刘佳娉主编. —北京：化学工业
出版社，2020.2
ISBN 978-7-122-35823-3

I. ①环… II. ①刘… III. ①环境保护法-法律
文书-中国-教材 IV. ①D922.68

中国版本图书馆 CIP 数据核字（2019）第 275822 号

责任编辑：王文峡　　　　　　　　　　文字编辑：李　曦
责任校对：王鹏飞　　　　　　　　　　装帧设计：韩　飞

出版发行：化学工业出版社（北京市东城区青年湖南街 13 号　邮政编码 100011）
印　　装：三河市延风印装有限公司
710mm×1000mm　1/16　印张 15　字数 274 千字　2020 年 3 月北京第 1 版第 1 次印刷

购书咨询：010-64518888　　　　　　　　售后服务：010-64518899
网　　址：http://www.cip.com.cn
凡购买本书，如有缺损质量问题，本社销售中心负责调换。

定　　价：42.00 元

前　言

　　环境法律文书是综合性、应用性很强的从事环境法律工作的基本工具。综合性是指它既涉及环境法律专业知识，包括程序法和实体法的专业知识；又涉及写作的基本知识和技能培养，包括写作基本规律知识和语言文字的运用技能。本书不是单纯地传授环境法律专业知识或系统地讲授写作理论，而是将环境法律文书中专业的法律知识和基本的写作要求结合在一起展开介绍。应用性是指环境法律文书的写作是和多种法律活动紧密结合在一起的，而且环境法律文书本身就是记载、反映乃至于推动环境法律活动开展的重要手段，成为法律活动正常运作直至最后总结经验不可或缺的组成部分。

　　本书共分为四个篇章，分别介绍了环境行政处罚文书、环境行政许可文书、环境行政复议文书以及环境行政诉讼文书。为了进一步规范和统一环境法律文书的写作标准，提高文书质量，本书在编纂过程中参照了原环境保护部于 2016 年制定和发布的《环境行政执法文书制作指南》、最高人民法院于 2014 年制定和发布的《行政诉讼文书样式（试行）》等相关文件，尽量满足环境法律文书制作的规范化和科学化要求。本书具有以下显著特点：

　　（1）全面性　本书内容涵盖环境行政法律工作中涉及处罚、许可、诉讼、复议等主要方面。本书的内容设计和结构安排合理，为从事环境法律服务工作的人员提供有效的文书支持。

　　（2）实用性　本书对所涉及的每一种文书，都详细阐述了与其相关的法律知识，以便读者了解相关文书的适用范围、背景知识。同时根据相关法律规定明确文书应该涵盖的基本内容，并在此基础上全面系统地阐述文书所涵盖的每个部分以及每个部分的制作方法。最后，提供规范化的文书样式。这样的内容安排让文书具有很强的实用性和可操作性。

环境法律文书是环境执法人员和其他从事环境法律工作人员在开展环境法律事务的过程中依法制作具有法律效力或者法律意义的书面材料。 文书在表现形式上具有一定的程式化和规范化的特点， 准确把握文书的基本样式和制作方法是对文书制作的基本要求。 认真撰写环境法律文书是每一个环境执法人员和其他从事环境法律工作人员在环境法律服务工作中的必备基本功。 在文书的制作过程中不仅需要深入研究实体性法律知识， 还需要全面了解程序性知识要点， 真正掌握环境法律文书的写作要领与制作方法， 从而提高文书写作能力。

本书由长沙环境保护职业技术学院刘佳娉任主编， 李莉霞、 彭丽娟任副主编， 张晓缝和樊晶晶参编共同完成。 本书在编写过程中参阅了大量环境法律文书和相关文献资料以及政府部门使用的文书示例，并得到了相关生态环境主管部门和有关专家的大力支持， 在此表示衷心的感谢。

由于编者水平有限， 书中难免有不妥和疏漏之处， 敬请指正。

编者

2019 年 8 月

目 录

第一章

环境行政处罚文书

═══ 文书一 ═══
立案审批表

一、 文书制作的基本知识

1. 立案审批表的适用范围

（1）立案审批表为生态环境主管部门内部文书。文书原件随卷归档。

（2）适用于对环境违法案件的立案审批。

2. 立案的条件

《环境行政处罚办法》第二十二条规定了环境行政处罚案件的立案条件。以下四项必须全部具备：

（1）首先要有涉嫌违反环境保护法律、法规和规章的行为。

（2）依法应当或者可以给予行政处罚。也就是说对于这种违法行为在后面的法律责任部分作出了处罚的相关规定。

（3）属于生态环境主管部门管辖。

（4）没有超过时效。时效一般是 2 年，如果违法行为在 2 年内未被发现的，不再给予行政处罚。如果法律另有规定的从其规定。时效的起算时间一般是从违法行为发生之日起开始计算，如果违法行为处于连续或继续状态的，比如持续的超标排污，那么时效的起算时间从行为终了之日起计算。

3. 立案管辖

对于管辖的问题应该如何理解，这种管辖的权限划分主要发生在纵向的同性质行政主体之间、横向的不同性质行政主体之间。根据《中华人民共和国行政处罚法》第二十条的规定，行政处罚由违法行为发生地的县级以上地方人民政府具有行政处罚权的行政机关管辖。《环境行政处罚办法》第十七条也对环境案件管辖作出了规定，县级以上环境保护主管部门管辖本行政区域的环境行政处罚案件。造成跨行政区域污染的行政处罚案件，由污染行为发生地环境保护主管部门管辖。该法第十八条规定，两个以上环境保护主管部门都有管辖权的环境行政处罚案件，由最先发现或者最先接到举报的环境保护主管部门管辖。

当管辖发生争议时，该法第十九条规定，对行政处罚案件的管辖权发生争议时，争议双方应报请共同的上一级环境保护主管部门指定管辖。同时第二十条还规定，下级环境保护主管部门认为其管辖的案件重大、疑难或者实施处罚有困难的，可以报请上一级环境保护主管部门指定管辖。上一级环境保护主管部门认为下级环境保护主管部门实施处罚确有困难或者不能独立行使处罚权的，经通知下级环境保护主管部门和当事人，可以对下级环境保护主管部门管辖的案件指定管辖。上级环境保护主管部门可以将其管辖的案件交由有管辖权的下级环境保护主管部门实施行政处罚。

而对于不属于该机关管辖的案件，应当移送有管辖权的环境保护主管部门处理。受移送的环境保护主管部门对管辖权有异议的，应当报请共同的上一级环境保护主管部门指定管辖，不得再自行移送。

二、 立案审批表的主要内容

1. 首部

在文书正上方居中写明文书制作单位名称、制作的文书名称。

2. 正文

（1）案件来源　发现环境违法行为的方式有多种途径。在填写案件来源时主要按照发现的六大途径来填写，分别为检查发现、投诉举报、来信来访、媒体披露、上级交办、有关部门移送等。

（2）案由　案件的名称，是指查处的具体案件的原由，即当事人被查处的具体违法行为。案由的书写有严格的形式要求，立案审批表中的案由书写形式可统一表达为："涉嫌＋具体违法行为类别＋案"。写案由要把握两个要素：一是案件发生单位，二是违法行为，使人通过案由就可以看出需要调查的对象和主要事由。但由于本文书设有"当事人"项目，在写案由时可省略有关当事人的内容。于是书写案由的关键是确定违法行为和违法行为种类，案由中的违法行为应当从法律条文中予以提取并归纳。如《中华人民共和国环境保护法》中规定了环境影响评价制度，那么对于涉嫌违反环境影响评价制度的违法行为，案由就可以写成"涉嫌违反环评制度案"。

（3）当事人信息　根据实际情况，以及获取的案件线索，写明已经掌握的当事人信息；尚未掌握的，可不填写。

当事人为法人或组织的，写明单位名称、地址、邮政编码、营业执照注册号、组织机构代码、法定代表人（负责人）姓名及职务。以上信息应当与营业执照保持一致，但对于已经实行了"三码合一"的法人或组织只需填写社会信用代码，不再填写营业执照注册号、组织机构代码。

当事人为公民或者个体工商户、个人合伙的，注明姓名（营业执照中有经营字号的应注明登记字号）、居民身份证号码、住址，相关信息与居民身份证、营业执照一致。无营业执照的填写实际地址。在填写信息时要特别注意责令改正违法行为当事人的姓名和年龄。

（1）姓名　责令改正违法行为决定书应当载明的事项第一部分，即当事人姓名或者名称、地址。主要目的是便于正确辨别当事人身份，更好地查处案情，判断证据，准确确认案件事实和当事人，不能出错。如果当事人系外国籍或少数民族，应正确写明汉语译名，必要时也可在汉语译名后注明当事人使用的本国或本民族文字姓名。

（2）年龄　关于年龄针对的责改对象是自然人，年龄在一定程度上反映着一个认识事物、辨别是非和正确表达的能力，尤其是对那些未满18周岁的违法行为人来说，年龄登记的准确与否，直接关系到对其行为是否构成违法行为和违法行为轻重认定结论的作出。根据《中华人民共和国行政处罚法》第二十五条规定："不满十四周岁的人有违法行为的，不予行政处罚，责令监护人加以管教；已满十四周岁不满十八周岁的人有违法行为的，从轻或者减轻行政处罚。"因此在填写当事人年龄时，应当认真细致、慎重从事，并且应当特别注意：一是对当事人年龄的计算，均应以公历（阳历）周岁的年龄为准，对那些习惯以农历（阴历）计算年龄的，应一律换算成为公历年龄，计算年龄时，应精确到出生的年、月、日；二是对于违法时已满14周岁不满18周岁的当事人，为了据以确定是否应当从轻或减轻处罚，应当在写明年龄的同时，还应准确地写明出生年、月、日，以示特别慎重；三是在叙述当事人违法事实时，需要写明当事人作案时年龄的，可写明"时年××岁"；四是对当事人年龄的认定，一般应以户口底册为准，但对于那些可能存在差误的户口底册，不能轻信，尤其是当事人尚属未成年时，更不能轻易依户口底册认定年龄。为了慎重起见，可以从许多途径调查了解，然后综合分析认定，如通过询问当事人亲属、同学、同年出生的人了解，通过查阅当事人的身份证、工作证、学生证、出生证、档案材料等了解。

（3）案情简介　这部分内容根据案件线索，对于已经掌握的案情信息如实填写，大致可以从以下两个方面叙述案情：

一是案件来源信息。根据案件来源途径不同，填写的信息点会有一点区别。如检查发现的需写清楚检查时间、检查机关、地点和检查结果；投诉举报和来信来访的填写收到时间和反映的情况（投诉人姓名可不填）；媒体披露的填写期号和媒体名称；上级交办和有关部门移送的填写收到时间、机关名称。

二是违法行为信息。主要表述清楚两方面的情况，首先是违法行为的基本情况介绍，包括违法行为发生的时间、地点、行为等；其次是承办人对违法事实、情节的初步判断。

（4）立案理由　立案需要初步判断是否符合《环境行政处罚办法》第二十二条规定的立案条件。环境保护主管部门应当对涉嫌违反环境保护法律、法规和规章的违法行为进行初步审查，并在7个工作日内决定是否立案。

（5）承办机构负责人审核意见　承办机构负责人同意或不同意立案的意见、签名及日期。

（6）生态环境主管部门负责人审批意见　生态环境主管部门负责人同意或不同意立案的审批意见、签名及日期。需要注意的是立案审查应指定2名以上案件审查人员，并在7个工作日内完成。

对需要立即查处的环境违法行为，可以按照《环境行政处罚办法》第二十四条的规定先行调查取证，然后7个工作日内补办立案手续。

（7）备注　是在表格上为附加必要的注释说明而留的一栏，在制作表格类环境保护法律文书时，需要对案情注解说明的内容填在备注这一栏上。

三、 立案审批表的文书样式

见样式1。

═══ 文书二 ═══
销案审批表

一、 文书制作的基本知识

1. 销案审批表的适用范围

（1）销案审批表为生态环境主管部门内部文书。文书原件随卷归档。

（2）适用于撤销立案的审批。

2. 销案的条件

对已经立案的案件，根据新情况发现不符合《环境行政处罚办法》第二十二条立案条件的，应当撤销立案。

（1）经查没有涉嫌违反环境保护法律、法规和规章的行为；

（2）根据法律规定不需要给予行政处罚；

×××生态环境厅（局）
立案审批表

案件来源			立案号	
案由				
当事人	名称或姓名			
	地址（住址）		邮政编码	
	营业执照注册号（居民身份证号码）		组织机构代码	
	社会信用代码			
	法定代表人（负责人）		职务	
案情简介及立案理由				
承办机构负责人审核意见			签名： 年 月 日	
生态环境主管部门负责人审批意见			签名： 年 月 日	
备注				

（3）经查该案件不属于生态环境主管部门管辖；

（4）违法行为发生之日起到被发现之日止已经超过 2 年。违法行为处于连续或继续状态的，从行为终了之日起计算。

二、 销案审批表的主要内容

1. 首部

在文书正上方居中写明文书制作单位名称、制作的文书名称。

2. 正文

（1）案件来源　根据立案审批表中填写的案件来源方式填写，发现环境违法行为的方式主要有以下六大途径：检查发现、投诉举报、来信来访、媒体披露、上级交办、有关部门移送等。

（2）案由　案件的名称，是指查处的具体案件的原由，即当事人被查处的具体违法行为。案由的书写有严格的形式要求，销案审批表中的案由书写形式可统一表达为："涉嫌＋具体违法行为类别＋案"。写案由要把握两个要素：一是案件发生单位，二是违法行为，使人通过案由就可以看出需要调查的对象和主要事由。但由于本文书设有"当事人"项目，在写案由时可省略有关当事人的内容。于是书写案由的关键是确定违法行为和违法行为种类，案由中的违法行为应当从法律条文中予以提取并归纳。

（3）当事人信息　根据实际情况，以及获取的案件线索，写明已经掌握的当事人信息；尚未掌握的，可不填写。

当事人为法人或组织的，写明单位名称、地址、邮政编码、营业执照注册号、组织机构代码、法定代表人（负责人）姓名及职务。以上信息应当与营业执照保持一致，但对于已经实行了"三码合一"的法人或组织只需填写社会信用代码，不再填写营业执照注册号、组织机构代码。

当事人为公民或者个体工商户、个人合伙的，注明姓名（营业执照中有经营字号的应注明登记字号）、居民身份证号码、住址，相关信息与居民身份证、营业执照一致。无营业执照的填写实际地址。

（4）销案理由　如果立案后根据新的情况发现已经不符合《环境行政处罚办法》第二十二条规定的立案条件之一的可以销案。

（5）承办人意见　承办人建议撤销立案与否的意见、签名及日期。

（6）承办机构负责人意见　承办机构负责人同意或不同意撤销立案的意见、签名及日期。

（7）生态环境主管部门负责人审批意见　生态环境主管部门负责人同意或不

同意撤销立案的审批意见、签名及日期。需要注意的是根据要求已经立案的案件必须经过审批程序才可以撤销立案，撤销立案的审批程序与立案审批程序相同，并且立案审查应指定 2 名以上案件审查人员。

（8）备注　是在表格上为附加必要的注释说明而留的一栏，在制作表格类环境保护法律文书时，需要对案情注解说明的内容填在备注这一栏上。

三、 销案审批表的文书样式

见样式 2。

═══ 文书三 ═══
现场检查(勘察) 笔录

一、 文书制作的基本知识

1. 现场检查(勘察) 笔录的适用范围

（1）现场检查（勘察）笔录为生态环境主管部门内部文书。本文书原件随卷归档。

（2）适用于调查人员取证，记录调查人员对违法嫌疑人的生产经营场所、污染受害现场等有关现场进行检查（勘察）的过程和发现的情况。

2. 现场检查

《中华人民共和国环境保护法》第二十四条规定，县级以上人民政府环境保护主管部门及其委托的环境监察机构和其他负有环境保护监督管理职责的部门，有权对排放污染物的企业事业单位和其他生产经营者进行现场检查。被检查者应当如实反映情况，提供必要的资料。实施现场检查的部门、机构及其工作人员应当为被检查者保守商业秘密。同时《中华人民共和国水污染防治法》第三十条、《中华人民共和国大气污染防治法》第二十九条等都对现场检查作出了类似的规定。

3. 回避的情形

其中有关于回避的情形，应当符合《环境行政处罚办法》第八条规定的回避情形：

（1）本案当事人或者当事人近亲属的；

×××生态环境厅（局）
销案审批表

案件来源				原立案号	
案　由					
当事人	名称或姓名				
	地址（住址）			邮政编码	
	营业执照注册号（居民身份证号码）			组织机构代码	
	社会信用代码				
	法定代表人（负责人）			职务	
销案理由					
承办人意见			签名：　　年 月 日		
承办机构负责人意见			签名：　　年 月 日		
生态环境主管部门负责人审批意见			签名：　　年 月 日		
备注					

（2）本人或者近亲属与本案有直接利害关系的；

（3）法律、法规或者规章规定的其他回避情形。

回避的对象是案件承办人员，包括检查（勘察）人、记录人。

回避可以采取的方式有两种，一种是满足回避情形的人员自行回避；一种是当事人申请其回避，应当经过审查是否同意回避。

4. 制作要求

一个案件有多处现场的，分别制作笔录。对现场需进行多次检查的，每次均制作笔录。笔录应当全面、如实记录现场检查（勘察）发现的情况。为增加证明力，可要求被检查（勘察）人加盖公章。

笔录字迹要端正，保证可以正常阅读。笔录必须当场制作，不得事后补记、增删。当场有修改的，由检查（勘察）人在修改处签名或者压指印。

文书原件随卷归档。

二、 现场检查（勘察） 笔录的主要内容

1. 首部

在文书正上方居中写明文书制作单位名称、制作的文书名称。

2. 基本信息

（1）时间 需要填写清楚现场检查（勘察）的起止时间，写明年、月、日、时、分。

（2）地点 需要填写清楚现场检查（勘察）的地点。

（3）被检查（勘察）人、现场负责人 被检查（勘察）人为法人或组织的，写明单位名称、地址，相关信息与营业执照一致；被检查（勘察）人为公民，需要填写基本的信息包括姓名、年龄、居民身份证号码、工作单位等相关信息，以上相关信息与居民身份证核对一致。现场负责人不在场的，可不填写现场负责人信息。

（4）检查（勘察）人、记录人 填写基本信息，如姓名、执法证编号、工作单位。需要注意的是现场检查（勘察）必须有两名以上（含）持合法有效执法证件的行政执法人员同时在场进行。

3. 正文

（1）表明身份 向现场负责人出示执法证件、表明身份，并在笔录中记录下一句话：“我们是××生态环境厅（局）的行政执法人员，这是我们的执法证件（向当事人出示证件，并记录持证人员姓名和执法证编号），请过目确认。”同时还需要现场负责人填写确认记录，记录为“我确认”。当然暗查等无法出示和确认的情形除外。

（2）权利的告知 告知被检查（勘察）人配合检查义务和申请回避权利，并在笔录中记录下一句话："今天我们依法进行检查并了解有关情况，你应当配合检查，如实提供材料，不得拒绝、阻碍、隐瞒或者提供虚假情况。如果你认为检查人与本案有利害关系，可能影响公正办案，可以申请回避，并说明理由。"并请现场负责人填写确认记录。

（3）现场情况 应当全面、如实记录现场检查（勘察）发现的情况。包括生产情况、污染防治设施建设和运行情况、大气或者水污染物排放情况、固体废物、危险废物的存储和处置情况以及被检查单位在检查过程中的配合情况等。有关的设施物品名称、数据、位置、状态等，可附示意图，同时还可以采取拍照、录像或者其他方式记录检查（勘察）情况。

笔录不能随意空行，空白处注明"以下空白"或者划画有斜线。

4. 签名落款

被检查（勘察）人需要对笔录进行审阅，根据审阅结果签署确认意见，并逐页签名、注明日期。根据审阅后的不同情况，签署不同的意见：

（1）被检查（勘察）人无异议的，注明"以上笔录已阅无误"；

（2）被检查（勘察）人有异议的，注明异议内容；

（3）被检查（勘察）人拒不签字的，由执法人员注明。

检查（勘察）人、记录人也需要逐页签名，并注明日期。

检查（勘察）过程中有其他参加人的，也应填写其他参加人姓名、工作单位；无工作单位的，填写居住地址。其他参加人也需逐页签名，并注明日期。

三、 现场检查（勘察） 笔录的文书样式

见样式 3。

═══ **文书四** ═══
调查询问笔录

一、 文书制作的基本知识

1. 调查询问笔录的适用范围

（1）生态环境主管部门内部文书。

×××生态环境厅（局）
现场检查（勘察）笔录

时间：_____年_____月_____日_____时_____分至_____时_____分

地点：_____

被检查(勘察)人名称或姓名：_____

现场负责人：_____电话：_____邮编：_____

工作单位：_____职务：_____

检查(勘察)人及执法证编号：_____、_____

记录人：_____工作单位：_____

告知事项：我们是_____生态环境厅(局)的行政执法人员，这是我们的执法证件(执法证编号：_____、_____)。 请过目确认：_____今天我们依法进行检查并了解有关情况，你应当配合调查，如实提供材料，不得拒绝、阻碍、隐瞒或者提供虚假情况。 如果你认为检查人与本案有利害关系，可能影响公正办案，可以申请回避，并说明理由。 请确认：_____

现场情况：_____

_____

_____

_____

_____

_____

_____

_____

_____

被检查(勘察)人或现场负责人确认意见：_____

_____

_____

被检查(勘察)人或现场负责人签字：_____年_____月_____日

检查(勘察)人签字：_____、_____年_____月_____日

记录人签字：_____年_____月_____日

参加人签字：_____年_____月_____日

现场照片、录像记录

（录像的片名或者照片的图片）

拍摄时间： 年 月 日 时 分　　天气情况：

拍摄地点：

拍摄内容：

拍摄设备型号：　　　　　　　　　　拍摄人：

执法人员（签名）：　　　　　　　　执法证编号：

（2）适用于调查人员取证，记录调查人员对违法嫌疑人、污染受害人、证人等有关人员的询问过程和问答内容。

2. 制作调查询问笔录之前的准备工作

询问前准备的目的是理清思路，突出主题，紧紧围绕违法事实展开询问。如果是重大或复杂案件，执法人员一定要先开一个准备会，确定由谁询问、谁记录、询问什么内容、切入点在哪里、可能碰到什么问题，拟出一个询问提纲，以免询问时遗漏。环境执法人员在对涉案人进行询问前的准备主要分为案情准备、心理准备和物证准备。

（1）案情准备　即要求执法人员在进行询问前，必须要认真地了解已经掌握的情况和被询问人的基本情况，这有利于在询问过程中有的放矢，突出重点。

（2）心理准备　就是要求执法人员在进行询问前，对这次询问的目的、询问运用的策略、方法及切入点，做到心中有数，以便在制作笔录时围绕目的开展询问。同时，对被询问人可能会发生的抵制询问、回避重要案情等情况要有所预见。

（3）物证准备　是指对案件已经掌握的物证，比如已先行登记保存的货物、进出货票据等，应准备齐全，以便在询问时及时向涉案人出示，掌握询问主动权。

3. 制作调查询问笔录的程序

《中华人民共和国行政处罚法》第三条规定："公民、法人或者其他组织违反行政管理秩序的行为，应当给予行政处罚的，依照本法由法律、法规或者规章规定，并由行政机关依照本法规定的程序实施。没有法定依据或者不遵守法定程序的行政处罚无效。"作为行政处罚重要证据之一的询问笔录，也必须严格按法定程序进行，所制作的笔录才具有法律效力。

（1）在进行询问时，执法人员必须是 2 人或 2 人以上，1 人记录，1 人或 1 人以上询问。《中华人民共和国行政处罚法》第三十七条规定，行政机关在调查或者进行检查时，执法人员不得少于 2 人，并应当向当事人或者有关人员出示证件。

（2）在询问开始前，执法人员应出示证件，表明身份。被询问人应当如实回答询问，并协助调查或者检查，不得阻挠。一般来讲，被询问人在不明办案人员身份和来意前，不会轻易如实告诉情况。《最高人民法院关于行政诉讼证据若干问题的规定》（以下简称《行政诉讼证据若干问题的规定》）第四十四条第四项规定，对行政执法人员身份的合法性有异议的，原告或者第三人可以要求相关行政执法人员作为证人出庭作证。办案人员的介绍、出示证件等过程记录在询问笔录上，经被询问人签字认可后，就不会再有什么异议了。符合法定人数（不少于 2 人）、出示证件是这一部分的实质之所在。

（3）在询问过程中，记录人员应对涉案人的回答据实记录，方言、土语也应按音记录并在后面用括号注明意思。

（4）询问人员对涉案人的提问必须与案情相关，并不得采用威胁、引诱等方式套取涉案人的口供。《行政诉讼证据若干问题的规定》第五十七条第（三）项规定："以利诱、欺诈、胁迫、暴力等不正当手段获取的证据材料不能作为定案依据。"

（5）作为执法人员应充分尊重被询问人的权利，准许被询问人进行陈述和申辩。对与案件有关的内容，及时予以记录。

（6）询问结束，应将询问笔录交给被询问人核对，对没有阅读能力的，应向其宣读。如被询问人认为笔录有遗漏或差错，允许其补充或更正，更正处由被询问人加按手印。被询问人认为笔录无误后，要在笔录每页签名和加按手印。

（7）笔录每一页都应由被询问人注明"笔录经本人核对，记录属实"。当事人拒签的，应在笔录中注明。最后，与案件有关的在场人员都要签名，询问人、记录人要签署日期并签字，询问人与记录人不得相互代签。

4. 询问与记录

询问与记录是完成一次询问调查的两个方面，虽由不同的人完成，但却是一个有机的整体，这需要二者讲究一定的技巧，密切配合。询问开始前，询问人员和记录人员应事先沟通、交换意见。记录人员应了解询问人员询问的主要目的、方法、询问的重点等，以便在记录的过程中能时时抓住询问的重点进行记录。询问人员也要了解记录人员的记录速度，在询问时负起引导、把握的责任，调整好语速。在询问过程中，询问人根据询问的需要和当事人回答的情况，会采用不同的节奏进行询问。在快的时候，记录人员很难记录全部询问内容，这就要求其根据询问的目的，有针对性地予以概括，等询问人员放慢节奏、缓和气氛时，及时补记。对于不明确的地方，也可以在此时作适当的补充性询问。记录的内容必须客观真实，不能随意取舍，不能将检查人员的主观推断掺入记录的内容之中，以保持其原意不变。

5. 回避的情形

其中有关于回避的情形，应当符合《环境行政处罚办法》第八条规定的回避情形：

（1）本案当事人或者当事人近亲属的；

（2）本人或者近亲属与本案有直接利害关系的；

（3）法律、法规或者规章规定的其他回避情形。

回避的对象是案件承办人员。

回避可以采取的方式有两种，一种是满足回避情形的人员自行回避；一种是当事人申请其回避，应当经过审查是否同意回避。

6. 制作要求

每份调查询问笔录只对应一个被询问人。必要时，可以对被询问人进行多次询问，每一次询问分别制作调查询问笔录。笔录应当全面、如实记录被询问人与案件相关的陈述。可以采取拍照、录像、录音或者其他方式记录询问情况。

笔录字迹要端正，保证可以正常阅读。调查询问笔录必须当场制作，不得事后补记、增删。当场有修改的，由被询问人在修改处签名或者按压指印。笔录不能随意空行，空白处注明"以下空白"或者画有斜线。

本文书原件随卷归档。

二、 调查询问笔录的主要内容

1. 首部

在文书正上方居中写明文书制作单位名称、制作的文书名称。

2. 基本信息

（1）时间 需要填写清楚调查询问笔录询问的起止时间，写明年、月、日、时、分。

（2）地点 需要填写清楚调查询问笔录的询问地点。

（3）被调查询问人 根据我国《行政处罚法》的规定，处罚对象有"公民""法人"和"其他组织"三大类，处罚对象在接受处罚前，有陈述、申辩及要求听证的权利。那么如何确定被询问对象的基本信息，也是询问笔录的重要目的之一。填写的基本信息，包括姓名、性别、年龄、居民身份证号码、工作单位、职务、电话、地址、邮编等，填写以上相关信息时需要与居民身份证核对一致。在询问时要特别注意的是被询问人的姓名和身份证号码，这些信息便于正确辨别当事人身份，更好地查处案情。

即使被询问人不是本案当事人，而是本案当事人的法人或其他组织的人员、与本案有利害关系的人员以及能够证明本案真相的其他人，姓名亦不能出现丝毫的差错。同时环境行政处罚是对违反环境行政管理秩序的行为实施的一种惩戒，是针对特定的当事人进行的。

3. 正文

（1）表明身份 调查询问之前要求首先向当事人出示执法证件、表明身份，要求进行询问必须有 2 名以上（含）持合法有效执法证件的行政执法人员同时在场，并将这一过程记录下来。记录为"我们是××生态环境厅

（局）的行政执法人员，这是我们的执法证件（向当事人出示证件，并记录持证人员姓名和执法证编号），请过目确认。"同时记录当事人过目确认的过程，记录为"我确认"。

（2）权利的告知 具体内容记录为："今天我们依法进行检查并了解有关情况，你应当配合调查，如实回答询问和提供材料，不得拒绝、阻碍、隐瞒或者提供虚假情况。如果你认为调查人与本案有利害关系，可能影响公正办案，可以申请回避，并说明理由。你有权对本次调查询问提出陈述、申辩。请确认。"

（3）调查询问内容的设计 这是调查询问笔录的主体内容，在开始询问之前应当设计好调查询问提纲，询问内容可以包括反映本案事实的时间、地点、行为、情节、动机、后果等。

调查询问提纲设计示例

问：请介绍一下个人的基本情况

答：（姓名、居民身份证号码、住址、单位及职务）。

问：单位（当事人）基本情况（可包括名称/姓名、法定代表人/负责人/投资人/合伙人/户主姓名、营业执照注册号、通信地址、邮编、联系方式）

答：写明全称，有营业执照的同营业执照，记录规范地址，邮编，联系方式。

问：单位的生产状况，产生的主要污染物情况，如主要污染物产污环节？产生污染物种类？污染防治设施建设情况、处理工艺、设计和实际处理能力？

答：写明当时生产状况，主要产品日或年产量、主要原辅材料日或年使用量，生产用水、电、气等消耗量；污染物产污环节，产生污染物种类等，写明已建成设施名称和数量、主要处理工艺流程，设计和实际处理能力。

问：了解现场检查发现的违法行为？

答：（如实记录）。

问：近三年你单位是否被生态环境主管部门处理过？

答：写明违法性质、作出决定的生态环境主管部门、文号、处理结果、执行情况，可根据反映的情况进行追问。

---

4. 签名落款

被调查询问人需要对笔录进行审阅，根据审阅结果签署确认意见，并逐页签名、注明日期。根据审阅后的不同情况，签署不同的意见：

（1）被调查询问人无异议的，注明"以上笔录已阅无误"；

（2）被调查询问人有异议的，注明异议内容；

（3）被调查询问人拒不签字的，由执法人员予以注明。

所有参与调查询问的相关人员，比如询问人、记录人都要逐页签名，并注明日期。有其他参加人的，填写其他参加人姓名、工作单位；无工作单位的，填写居住地址。其他参加人也逐页签名，并注明日期。

三、 调查询问笔录的文书样式

见样式 4。

=== **文书五** ===
先行登记保存证据通知书

一、 文书制作的基本知识

1. 证据种类及提供证据的要求

不同性质的案件，根据环境事件的特殊性，所需要收集的证据种类会不一样。在进行环境行政处罚时，《环境行政处罚办法》第三十二条规定，环境行政处罚证据，主要有以下几种：书证、物证、证人证言、视听资料和计算机数据、当事人陈述、监测报告和其他鉴定结论、现场检查（勘察）笔录等形式。

（1）书证 是指用文字、符号、图形等在物体（主要是纸张）上记载的内容、含义或表达的思想来反映案件情况的材料，如环境影响评价文件、企业生产记录、合同、发票等缴款凭证等。

提供书证的要求：

① 应提供书证的原件，书证的原本、正本和副本均属于书证的原件。确有困难的可提供与原件核对无误的复印件、照片、节录本。

② 提供由有关部门保管的书证原件的复印件、影印件、抄录本的，要注明出处，经该部门核对无异后加盖其印章，标明"经核对与原件无误"。

③ 提供报表、图纸、会计账册、专业技术资料、科技文献等书证要附加说明材料。

④ 提供陈述、询问、谈话类笔录，要有执法人员、被询问人、陈述人、谈话人签名或盖章。

样式4

×××生态环境厅（局）
调查询问笔录

时间：_____年_____月_____日_____时_____分至_____时_____分

地点：_____

被调查询问人：_____性别：_____年龄：_____居民身份证号码：_____

工作单位：_____职务：_____电话：_____

地址：_____邮编：_____

调查询问人及执法证编号：_____、_____

记录人：_____工作单位：_____

执法人员表明身份、出示证件及被调查询问人确认的记录：我们是_____生态环境厅(局)的行政执法人员，这是我们的执法证件(执法证编号：_____、_____）。请过目确认：_____

今天我们依法进行检查并了解有关情况，你应当配合调查，如实回答询问和提供材料，不得拒绝、阻碍、隐瞒或者提供虚假情况。如果你认为调查人与本案有利害关系，可能影响公正办案，可以申请回避，并说明理由。你有权对本次调查询问提出陈述、申辩。

请确认：_____

询问内容：_____

_____

_____

_____

被调查询问人确认意见：_____

被调查询问人签字：_____年_____月_____日

调查询问人签字：_____、_____年_____月_____日

记录人签字：_____年_____月_____日

参加人签字：_____年_____月_____日

⑤ 要收集当事人的身份证明。对法人和其他组织收集企业营业执照复印件、组织机构代码证复印件等能证明企业主体身份的材料；对自然人收集居民身份证复印件。经执法人员核对后在复印件上标明"经核对与原件无误"并由提供人和执法人员签字或盖章确认。

⑥ 送达回证要有被送达人的签名或盖章。被送达人不在由其他有关人员代签收的，送达回证要有代签人的签名或盖章，并注明与被送达人的关系。被送达人拒绝签收留置送达的，送达回证要有情况说明，并有见证人签名或者盖章。邮寄送达的，收集回执单随卷存档。公告送达的，收集公告及登载的载体随卷归档。

（2）物证　是指以其存在状况、形状、特征、质量、属性等证明案件事实的一切物品和痕迹，如生产设备、环境保护设施、暗管、污水、固体废物擅自投产生产的产品、非法运输危险废物的工具等。

提供物证的要求：

① 物证要尽可能收集原物。物证原物附有对该物证的来源、调取时间、提供人和执法人员姓名、证明内容的说明，并由提供人、执法人员签名或盖章。

② 对大量同类物，可以抽样取证。

③ 收集原物确有困难的，如建筑物、污染防治设施，可以对原物进行拍照、录像、复制。物证的照片、录像、复制件附有对该物证的保存地点、保存人姓名、调取时间、执法人员姓名、证明内容的说明，并由执法人员签名或盖章。

④ 在证据可能灭失或以后难以取得的情况下，经本单位负责人批准，可以先行登记保存、证据保全，并在 7 日内及时作出处理决定。物证保全包括原物保全、复制保全、照相保全、封存保全等方法。必要时，请当地公证机关对其采集的证据进行公证，提高了证据的证明力。

（3）证人证言　是指当事人以外的其他人将其了解的案件有关情况向生态环境主管部门所作的反映案件情况的陈述，如企业附近居民的陈述、污染受害人的陈述等。

提供证人证言的要求：

① 写明证人的姓名、性别、职业、住址等基本情况，注明出具日期，并由证人签名、盖章或按指印。

② 附有居民身份证复印件等证明人身份的证件。

③ 证人证言中的添加、删除、改正文字之处，要有证人的签名、盖章或按指印。

（4）视听资料　是指以录音、拍照、摄像等方式记录声音、图像、影像来反映案件情况的资料，如录音、录像、照片等。

提供视听资料（计算机数据、录音、录像等）的要求：

① 提供原始载体，如确有困难可提供复制件。

② 注明制作方法、制作时间、制作人和证明内容的说明，并制作现场检查（勘察）笔录记录收集过程。

③ 声音资料要附有该声音内容的文字记录。

④ 计算机数据可以采取打印、拷贝等方式收集。

（5）当事人陈述　是指当事人就案件情况向生态环境主管部门所作的陈述，如当事人的陈述申辩意见、当事人的听证会意见。

提供当事人陈述的要求：

① 当事人陈述要写明陈述人的姓名、年龄、性别、职务、住址、与本案关系等基本信息，注明出具日期，并由当事人签名、盖章或按指印。

② 当事人陈述要附有陈述人居民身份证复印件。

③ 当事人陈述中的添加、删除、改正文字之处，要有陈述人的签名、盖章或按指印。

（6）监测报告　是指具有资质的监测机构，按照有关环境监测技术规范，运用物理、化学、生物等技术，对各环境要素的状况、污染物排放状况进行定性、定量分析后得出的数据报告和书面结论，如水、气、声等环境监测报告。

提供环境监测报告的要求：生态环境主管部门组织监测的，应当提出明确具体的监测任务，并要求提交监测报告。

监测报告必须载明下列事项：

① 监测机构的全称；

② 监测机构的国家计量认证标志（CMA）和监测字号；

③ 监测项目的名称、委托单位、监测时间、监测点位、监测方法、检测仪器、检测分析结果等内容；

④ 监测报告的编制、审核、签发等人员的签名和监测机构的盖章。

（7）鉴定结论　是指具有相应资质的鉴定机构受生态环境主管部门或当事人委托，对案件中某些专门性问题，运用专门知识和技能，通过分析、检验、鉴别、判断而做出的数据报告和书面结论，如环境污染损害评估报告、渔业损失鉴定、农产品损失鉴定等。

提供鉴定结论的要求：

① 应当载明委托单位和委托鉴定的事项、向鉴定部门提交的相关材料鉴定的依据和使用的科学技术手段、鉴定部门和鉴定人鉴定资格的说明，并有鉴定人

签名和鉴定部门的盖章。

② 通过分析获得的鉴定结论，应当说明分析过程。

（8）现场检查（勘察）笔录是指执法人员在对有关物品或者场所等进行检查、勘察时，当场制作的能够证明案件事实的记录。

提供现场检查（勘察）笔录的要求：

① 对有关物品或者场所进行检查时，应当制作现场检查（勘察）笔录，可以采取拍照、录像或者其他方式记录现场情况。

② 应当载明时间、地点、时间和现场检查情况等内容，并由执法人和当事人签名。

③ 当事人拒绝签名或不能签名的，应注明原因，有其他人在场的由其他人签名。

④ 需要取样的，应当制作取样记录或者将取样过程记入现场检查（勘察）笔录，可以采取拍照、录像或者其他方式记录取样情况。

（9）自动监控数据 是指以污染源自动监控系统、DCS 系统（集散控制系统）、CEMS 系统（烟气排放连续监测系统）等计算机系统运行过程中产生反映案件情况的电子数据。如污染源自动监控数据、DCS 系统数据、CEMS 系统数据、监控仪器运行参数数据等。

提供自动监控数据的要求：

根据《环境行政处罚办法》第三十六条规定，环境保护主管部门可以利用在线监控或者其他技术监控手段收集违法行为证据。经环境保护主管部门认定的有效性数据，可以作为认定违法事实的证据。该法第三十七条规定，环境保护主管部门在对排污单位进行监督检查时，可以现场即时采样，监测结果可以作为判定污染物排放是否超标的证据。

2. 收集证据的具体操作

收集证据要求依据《中华人民共和国行政处罚法》《环境行政处罚办法》《最高人民法院关于行政诉讼证据若干问题的规定》执行。

（1）要围绕环境违法的构成要件去取证 环境违法行为的构成要件包括：行为违法、行为人的过错、行为的危害后果、行为与后果之间的因果关系。只有这样才能够突出重点，才能够避免增加不必要的工作程序。

（2）调查取证要注重证据的关联性 关联性就是证据材料要与需要证明的案件事实有关，与案件无关的材料不要收集。

（3）调查取证要注重证据的真实性 真实性就是证据必须真实可靠。证据材料必须查证属实，才能作为定案根据。一是不能徇私舞弊，搞假证、伪证；二是真实的证据也要能证明它的真实性。任何人在办案之初都想把案件办好，这是所有执法人员的普遍心理。但在执法实践中，由于执法水平不一样，执法能力不一样，执法人员的素质不一样，有的明摆着是违法事实，但就是处罚不了，就是因为调查取证不过关。特别是有些证据是无法补充的，看到企业不正常使用治污设施，如果不及固定这个证据，就必须第二次取证。

（4）调查取证要注重证据的合法性

① 必须符合法律规定的程序。程序合法要把握好以下几点：一是执法人员不得少于两人，并且要向当事人出示执法证件。二是要向当事人或有关人员交代权利和义务。三是执法人员与案件有利害关系的要回避。四是不能采取法律禁止的方法采取证据，比如偷听偷拍，胁迫利诱等。

② 有些证据事实必须通过特定的形式收集，比如境外证据，必须按照当地法律法规进行采取。

3. 非法收集证据的主要表现形式

（1）不合格主体收集或提供的证据。例如：不具有行政执法权的某环保服务实体调查、收集的证据，与环保行政处罚案件有直接利益关系应当回避而未回避的人员制作的现场笔录、勘验笔录，不具有环保行政执法资格的人员或非法律规定的其他人员制作的现场笔录、勘验笔录。

（2）非法搜查、扣押构成严重违法或损害当事人合法权益取得的证据。如法律法规没有授权生态环境主管部门在查处违法案件时具有搜查权、扣押权，就不能通过搜查、对相关财物实施扣押的方式取得证据。

（3）以利诱、欺诈、暴力、胁迫等手段取得的证据。

（4）严重违反法定程序收集的证据。如在行政处罚决定作出以后再行调查、收集的询问笔录，不能作为定案依据。

（5）不能通过损害当事人或行政处罚参与人合法权益的手段来获取证据。也不能以合法形式之名，行滥用职权之实。如以暴力等形式强制当事人按手印。

4. 先行登记保存证据通知书适用范围

（1）生态环境主管部门外部文书，需要送达当事人。

（2）用于调查人员取证，采取先行登记保存措施的前提条件是"证据有可能灭失"或"证据以后难以取得"。不符合此情形之一的，不得采取先行登记保存措施。

5. 登记保存措施

对于先行登记保存的证据应当在七个工作日内采取以下措施：

（1）根据情况及时采取记录、复制、拍照、录像等证据保全措施；

（2）需要鉴定的，送交鉴定；

（3）根据有关法律、法规规定可以查封、暂扣的，决定查封、暂扣；

（4）违法事实不成立，或者违法事实成立但依法不应当查封、暂扣或者没收的，决定解除先行登记保存措施。

6. 制作程序要求

办理程序上应当经过生态环境主管部门负责人批准。情况紧急的，可以先采取登记保存措施，再报请机关负责人批准。

文书一式三份，一份送达当事人（使用送达回证），一份随登记保存的证据备查，一份随卷归档（附送达回证）。

二、 先行登记保存证据通知书的主要内容

1. 首部

在文书正上方居中写明文书制作单位名称、制作的文书名称。

居右按照要求写明发文字号。文字号，简称文号，习惯上也称为文件编号，它是发文机关在某一年度内所发各种不同文件总数的顺序编号。发文字号由发文机关的收发文机构负责统一编排。环境保护法律文书发文字号一般由四个部分组成。一是制文单位简称，即机关代字。通常是把单位名称中具有代表意义的两个字作简称。二是文书名称简称，通常是将制作的文书名称中具有代表意义的字作简称，如本文书先行登记保存证据通知书，简称为"登存"。三是制文年代，通常只写×××年，并且多用六角括号括起来，如〔2019〕。四是该类文书年度内制文排列序号，一般是从1号开始逐次排列。

2. 基本信息

当事人为法人或组织的，写明单位名称、地址、法定代表人（负责人）姓名及职务。以上信息应当与营业执照保持一致。

当事人为公民或者个体工商户、个人合伙的，注明姓名（营业执照中有经营字号的应注明登记字号）、居民身份证号码、住址，相关信息与居民身份证、营业执照一致。无营业执照的填写实际地址。

3. 正文

（1）案由 案由的书写有严格的形式要求，先行登记保存证据通知书中

的案由书写形式可表达为："涉嫌＋违法行为类别＋案"。确定案由的关键是确定违法行为和违法行为种类，案由中的违法行为应当从法律条文中予以提取并归纳。

（2）相关法律、法规、规章名称及条款序号 引用法律、法规、规章时名称用全称，如《中华人民共和国水污染防治法》，引用的法律条文要具体到条款。

（3）先行登记保存证据的方式 一般采用就地保存或者异地保存的方式。就地保存的，由当事人负责保存，在向当事人送达"先行登记保存证据通知书"时，在证据物品上加贴生态环境主管部门封条，说明有关情况及应遵守的义务；异地保存的，注明保存地点。

（4）期限和地点 在文书中需要明确保存的期限和存放的地点。根据《中华人民共和国行政处罚法》第三十七条第二款规定，在证据可能灭失或者以后难以取得的情况下，经行政机关负责人批准，可以先行登记保存，并应当在七日内及时作出处理决定，在此期间，当事人或者有关人员不得销毁或者转移证据。同时《环境行政处罚办法》第三十九条也规定，对于先行登记保存的证据应当在七个工作日内采取措施依法处理。如果超过 7 个工作日未作出处理决定的，先行登记保存措施自动解除。

（5）先行登记保存证据物品清单 文书要附有先行登记保存证据物品清单，当场清点后详细填写物品名称、数量、型号、生产日期（批号）、生产单位等信息。可以采取拍照、录像或者其他方式记录现场情况。

（6）确认意见 当事方现场负责人需要在文书上签署确认意见，表述为"以上清单，物品与实物一致"，并签名、注明日期。

4. 签名落款

（1）参与先行登记保存证据物品的执法人员，需要逐一签名并注明执法证编号。

（2）加盖文书制作单位的印章。

（3）注明文书制作的年、月、日。

三、 先行登记保存证据通知书的文书样式

见样式 5。

×××生态环境厅（局）
先行登记保存证据通知书

_____环登存〔 〕号

（当事人名称或者姓名，与营业执照、居民身份证一致）：

地址：_____（与营业执照、居民身份证一致）

法定代表人（负责人）：_____（姓名及职务）

你（单位）_____（案由）_____的行为，涉嫌违反了____

_____（相关法律、法规、规章名称及条款序号）_____的规定，____（为防止

证据灭失或以后难以取得）____，依照《中华人民共和国行政处罚法》第三十七

条第二款的规定，我厅（局）决定对下列物品予以先行登记保存证据。先行登记保

存证据物品自_____年_____月_____日起至_____年_____月

_____日止，以____（就地或者异地）____方式，存放于____（地点）____。在此期间，

当事人或者有关人员不得销毁或转移证据。

附：先行登记保存证据物品清单

序号	名称	数量	型号	生产日期（批号）	生产单位	备注

以上清单，物品与实物一致。请确认：_____

被先行登记保存证据人：_____ _____年_____月_____日

行政执法人员及执法证编号：_____、_____ _____年_____月_____日

×××生态环境厅（局）（印章）

年　月　日

═══ **文书六** ═══

解除先行登记保存证据通知书

一、 文书制作的基本知识

1. 解除先行登记保存证据通知书的适用范围

（1）生态环境主管部门外部文书，需要送达当事人。

（2）违法事实不成立，或者违法事实成立但依法不应当查封、暂扣或者没收的，决定解除先行登记保存措施。

2. 解除先行登记保存证据通知书的办理程序

采取先行登记保存证据措施的，超过 7 个工作日未作出处理决定的，先行登记保存措施自动解除。

文书一份送达当事人（使用送达回证），一份随卷归档（附送达回证）。

二、 解除先行登记保存证据通知书的主要内容

1. 首部

在文书正上方居中写明文书制作单位名称、制作的文书名称。

居右按照要求写明环境保护法律文书发文字号。文字号包括制文单位简称、文书名称简称、制文年代、该类文书年度内制文排列序号。

2. 基本信息

当事人为法人或组织的，写明单位名称、地址、法定代表人（负责人）姓名及职务。以上信息应当与营业执照保持一致。

当事人为公民或者个体工商户、个人合伙的，注明姓名（营业执照中有经营字号的应注明登记字号）、居民身份证号码、住址，相关信息与居民身份证、营业执照一致。无营业执照的填写实际地址。

3. 正文

（1）先行登记保存证据通知书的基本信息 本文书需要写明相关的先行登记

保存证据通知书的名称、文号、出具时间、存放的证据名称、存放的方式、存放的地点。

（2）解除先行登记保存证据清单　文书要附有解除先行登记保存证据清单，对解除先行登记保存的物品，当场清点后详细填写物品名称、数量、型号、生产日期（批号）、生产单位等信息。可以采取拍照、录像或者其他方式记录现场情况。

（3）确认意见　当事方现场负责人需要在文书上签署确认意见，表述为"以上清单，物品与实物一致"，并签名、注明日期。

4. 签名落款

（1）参与解除先行登记保存证据物品的执法人员，需要逐一签名并注明执法证骗号

（2）加盖文书制作单位的印章。

（3）注明文书制作的年、月、日。

三、 解除先行登记保存证据通知书的文书样式

见样式 6。

═ 文书七 ═
责令改正违法行为决定书

一、 文书制作的基本知识

1. 责令改正违法行为决定书的适用范围

（1）生态环境主管部门外部文书，送达当事人。

（2）适用于经过调查取证确认当事人存在环境违法行为，责令当事人改正或者限期改正的情况。

2. 责令改正的具体形式

《环境行政处罚办法》第十二条对责令改正的具体形式进行了列举，包括：①责令停止建设；②责令停止试生产；③责令停止生产或者使用；④责

×××生态环境厅（局）
解除先行登记保存证据通知书

_____环解登〔 〕 号

（当事人名称或姓名，与营业执照、居民身份证一致）：

地址：_____（与营业执照、居民身份证一致）

法定代表人（负责人）：_____（姓名及职务）

我厅（局）于_____年_____月_____日向你（单位）作出了"先行登记保存证据通知书"（_____环登存〔 〕第 号），对（先行登记保存证据名称）进行了先行登记保存。先行登记保存证据物品以（就地或者异地）方式，存放于（地点）。

现决定对（先行登记保存证据全部或部分）于_____年_____月_____日起予以解除先行登记保存措施。

附：解除先行登记保存证据清单

序号	名称	数量	型号	生产日期（批号）	生产单位	备注

以上清单，物品与实物一致。请确认：_____

被先行登记保存证据人：_____年____月____日

行政执法人员及执法证编号：_____、_____年____月____日

×××生态环境厅（局）（印章）

年 月 日

令限期建设配套设施；⑤责令重新安装使用；⑥责令限期拆除；⑦责令停止违法行为；⑧责令限期治理；⑨法律、法规或者规章设定的责令改正或者限期改正违法行为的行政命令的其他具体形式。

3. 责令改正逾期不改正的法律后果

行政执法机关应当及时对当事人违法行为的改正情况进行监督。逾期不改正将产生以下法律后果：

（1）逾期不改正的，可以依法申请人民法院强制执行。在实际操作过程中应当及时申请人民法院强制执行，确保执行到位。

（2）对法律、法规、规章规定责令限期改正为行政处罚前置条件的，将实施行政处罚作为逾期不改正的后果，表述为"逾期未改正的，我厅（局）将依据（相关法律、法规、规章名称及条款序号）实施行政处罚。"

（3）如果当事人行为涉及违法排放污染物，应当责令立即停止违法排放污染物，并告知当事人拒不改正可能承担按日连续处罚的法律后果，表述为："我厅（局）将在××日内对你（单位）改正违法行为的情况进行复查。如你（单位）拒不改正违法排污行为，我厅（局）将按照《中华人民共和国环境保护法》第五十九条第一款的规定，对你（单位）实施按日连续处罚。"

（4）如决定书中环境违法问题符合《中华人民共和国环境保护法》第六十三条的规定，应当写明移送公安机关予以行政拘留的法律后果。

4. 行政复议

根据《中华人民共和国行政复议法》第九条的规定，公民、法人或者其他组织认为具体行政行为侵犯其合法权益的，可以自知道该具体行政行为之日起六十日内提出行政复议申请；但是法律规定的申请期限超过六十日的除外。因不可抗力或者其他正当理由耽误法定申请期限的，申请期限自障碍消除之日起继续计算。由此可见提起复议的期限是自收到决定书之日起六十日内提出。

根据《中华人民共和国行政复议法》第十二条规定，对县级以上地方各级人民政府工作部门的具体行政行为不服的，由申请人选择，可以向该部门的本级人民政府申请行政复议，也可以向上一级主管部门申请行政复议。据此申请人可以向上一级生态环境主管部门或者本级人民政府申请行政复议。

5. 行政诉讼

根据《中华人民共和国行政诉讼法》第四十六条的规定，公民、法人或者其他组织直接向人民法院提起诉讼的，应当自知道或者应当知道作出行政行为之日起6个月内提出。法律另有规定的除外。可见提起诉讼的期限是在收到决定书之日起6个月内。

根据《中华人民共和国行政诉讼法》第十八条有关于管辖的规定，行政案件由最初作出行政行为的行政机关所在地人民法院管辖。经复议的案件，也可以由复议机关所在地人民法院管辖。经最高人民法院批准，高级人民法院可以根据审判工作的实际情况，确定若干人民法院跨行政区域管辖行政案件。由此可见提起行政诉讼的管辖由最初作出责令改正行政决定的行政机关所在地人民法院管辖。

6. 制作要求

本文书是在行政机关单独作出责令改正决定时使用。根据需要，责令改正的具体内容也可以体现在行政处罚决定书的内容中。

此文书一式两份，一份交于当事人，一份随卷归档。随卷时应附内部审批表和送达回证。

二、责令改正违法行为决定书的主要内容

1. 首部

在文书正上方居中写明文书制作单位名称、制作的文书名称。

居右按照要求写明环境保护法律文书发文字号。文字号一般由四个部分组成：一是制文单位简称，即机关代字。通常是把单位名称中具有代表意义的两个字作简称。二是文书名称简称，通常是将制作的文书名称中具有代表意义的字作简称，如本文书责令改正违法行为决定书简称为"责改"。三是制文年代，通常只写×××年，并且多用六角括号括起来，如〔2019〕。四是该类文书年度内制文排列序号，一般是从1号开始逐次排列。

2. 基本信息

当事人为法人或组织的，写明单位名称、地址、营业执照注册号、组织机构代码、法定代表人（负责人）姓名。以上信息应当与营业执照保持一致，但对于已经实行了"三码合一"的法人或组织填写社会信用代码，不再填写营业执照注册号、组织机构代码。

当事人为公民或者个体工商户、个人合伙的，注明姓名（营业执照中有经营字号的应注明登记字号）、居民身份证号码、住址，相关信息与居民身份证、营业执照一致。无营业执照的填写实际地址。

3. 正文

（1）调查的基本信息　文书中应当写明调查机构的名称、调查时间。写明调查了解到的违法行为信息，包括时间、地点、行为、情节、动机、后果等。证明以上违法行为的证据信息，包括证据名称、提取（作出）时间、提供（作出）单位、证明内容等。

（2）违反的法律、法规、规章名称和条款序号　引用法律、法规、规章时名称用全称，如《中华人民共和国固体废物污染环境防治法》。引用法律条文要写明完整的条款序号，如法律条文中有款或者项的，要具体写××条××款或者××条××款××项，没有款或者项的要具体到条。

（3）责令（限期）改正的依据　依据《中华人民共和国行政处罚法》第二十三条的规定。行政机关实施行政处罚时，应当责令当事人改正或者限期改正违法行为。依据该条规定以及违反的法律、法规、规章禁止性条款相应的罚则作为责令改正的依据。但若法律、法规、规章有禁止性规定但无罚则的，可不写本项。

（4）有责令改正的具体内容和期限　《环境行政处罚办法》第十二条对责令改正的具体形式进行了列举，根据最高人民法院关于行政行为种类和规范行政案件案由的规定，行政命令不属行政处罚。应根据个案情况，选择合适的条款。特别要注意的是，责令改正某具体违法行为的，详细写明改正内容，而不能笼统写为"自行改正"。同时应明确限期改正的期限，期限应合法、适当。

法律、法规、规章有禁止性规定但无罚则的，可写明"责令你（单位）（于××××年××月××日之前）改正上述违法行为"。

（5）逾期不改正的法律后果　写明行政执法机关应当对违法行为改正情况进行监督的信息，表述为"我（厅）局将对你（单位）改正违法行为的情况进行监督"，并根据不同情况写明逾期不改正将产生的法律后果。

（6）救济途径和期限　如当事人对责令改正违法行为决定书不服，可以自收到决定书之日起六十日内通过提起行政复议或者六个月内提起行政诉讼两种途径救济自己的权利。

4. 尾部

（1）加盖文书制作单位的印章。

（2）注明文书制作的年、月、日。

三、 责令改正违法行为决定书的文书样式

见样式 7。

═ 文书八 ═
行政处罚事先（听证）告知书

一、 文书制作的基本知识

1. 行政处罚事先（听证）告知书的适用范围

（1）生态环境主管部门外部文书，送达当事人。

×××生态环境厅（局）
责令改正违法行为决定书

_____环责改〔 〕 号

当事人名称或者姓名， 与营业执照、 居民身份证一致）：

营业执照注册号（居民身份证号码）： _____组织机构代码： _____

社会信用代码： _____

地址： _____法定代表人（负责人）： _____

　　我厅（局） 于_____年_____月_____日对你（单位） 进行了调查，发现你（单位） 实施了以下环境违法行为.

　　（陈述违法事实， 如违法行为发生的时间、 地点、 情节、 动机、 危害、 后果等内容）。

　　以上事实， 有（列举证据形式， 阐述证据所要证明的内容） 等证据为凭。

　　上述行为违反了（相关法律、 法规、 规章名称及条款序号） 的规定。

　　依据《中华人民共和国行政处罚法》 第二十三条和（相关法律、 法规、 规章名称及条款序号） 的规定， 现责令你（单位） 立即（接到本决定书之日起_____日内）（改正违法行为的具体形式）。

　　我厅（局） 将对你（单位） 改正违法行为的情况进行监督。 如你（单位）拒不改正上述环境违法行为， 逾期不申请行政复议， 不提起行政诉讼， 又不履行本决定的， 我厅（局） 将（依法实施行政处罚） 依法申请人民法院强制执行。

　　【适用按日连续处罚的： 我厅（局） 将在30日内对你（单位） 改正违法行为的情况进行复查。 如你（单位） 拒不改正违法排污行为， 我厅（局） 将按照《中华人民共和国环境保护法》 第五十九条第一款的规定， 对你（单位） 实施按日连续处罚。】

　　你（单位）如对本决定不服，可在收到本决定书之日起60日内向×××生态环境厅（局）或者×××人民政府申请行政复议，也可在收到本决定书之日起6个月内向×××人民法院提起行政诉讼。 申请行政复议或者提起行政诉讼，不停止行政处罚决定的执行。 如你（单位）拒不改正上述违法行为，我厅（局）将申请××人民法院强制执行。

×××生态环境厅（局）（印章）

年 月 日

（2）本样式含两种文书：一是行政处罚事先告知书，适用于在作出行政处罚决定之前，告知当事人陈述申辩权；二是行政处罚听证告知书，适用于对符合听证条件的行政处罚，在作出行政处罚决定之前，告知当事人听证申请权。

2. 听证

（1）听证的情形　根据《中华人民共和国行政处罚法》的规定，符合以下情形的行政机关应当告知当事人有要求举行听证的权利，行政机关拟作出重大的行政处罚，如责令停产停业；吊销许可证或执照；较大数额罚款（对法人或其他组织处以 50000 元以上罚款，对公民处以 5000 元以上的罚款）。

（2）举行听证的方式　一般听证是公开举行的，涉及国家秘密、商业秘密或者个人隐私的不公开举行。

（3）重要的时限　①申请期限：当事人要求听证的，应当在行政机关告知后 3 日内提出。②告知期限：行政机关应在听证 7 日前，通知当事人举行听证的时间、地点。

3. 制作程序要求

行政处罚事先告知是作出行政处罚决定之前必须履行的一项法定程序，如果行政机关下达行政处罚决定前没有履行告知义务，则属于违反法定程序，其行政处罚不能成立。

应当采取书面形式告知。

文书一式两份，一份送达当事人（使用送达回证），一份随卷归档（附送达回证）。

二、 行政处罚事先（听证） 告知书的主要内容

1. 首部

在文书正上方居中写明文书制作单位名称、制作的文书名称。

居右按照要求写明环境保护法律文书发文字号。文字号一般由四个部分组成：一是制文单位简称，即机关代字。二是文书名称简称，通常是将制作的文书名称中具有代表意义的字作简称。如本文书行政处罚事先（听证）告知书简称为"罚告"。三是制文年代，通常只写××××年，并且多用六角括号括起来，如〔2019〕。四是该类文书年度内制文排列序号，一般是从 1 号开始逐次排列。

2. 基本信息

当事人为法人或组织的，写明单位名称，信息应当与营业执照保持一致；当事人为公民或者个体工商户、个人合伙的，注明姓名（营业执照中有经营字号的应注明登记字号），相关信息与居民身份证、营业执照一致。

3. 正文

（1）调查的基本信息　文书中应当写明调查机构的名称、调查时间。写明调查了解到的违法行为信息，包括时间、地点、行为、情节、动机、后果等。有证

明以上违法行为的证据信息，包括证据名称、提取（作出）时间、提供（作出）单位、证明内容等。

（2）违反的法律、法规、规章名称和条款序号　引用法律、法规、规章时名称用全称，如《中华人民共和国大气污染防治法》。引用法律条文要写明完整的条款序号，如法律条文中有款或者项的，要具体写××条××款或者××条××款××项，没有款或者项的要具体到条。

（3）拟处罚的信息　引用拟作出处罚的法律、法规、规章依据，并依法写明拟作出行政处罚的种类、数额、期限等处罚内容。

（4）权利的告知　①陈述申辩权。根据《中华人民共和国行政处罚法》第三十二条的规定，当事人有权进行陈述和申辩。行政机关必须充分听取当事人的意见，对当事人提出的事实、理由和证据，应当进行复核；当事人提出的事实、理由或者证据成立的，行政机关应当采纳。行政机关不得因当事人申辩而加重处罚。文书中应告知当事人陈述、申辩的权利及陈述、申辩的时间、地点。②听证权。符合听证条件的，可不发"行政处罚事先告知书"在"行政处罚听证告知书"中一并告知陈述申辩权、听证申请权和期限。

（5）联系人的基本信息　文书中应当告知当事人提出陈述、申辩或者提请听证时可以联系的相关人员的基本信息，如电话、地址、邮政编码。

4. 尾部

（1）加盖文书制作单位的印章。

（2）注明文书制作的年、月、日。

三、 行政处罚事先（听证） 告知书的文书样式

见样式 8。

═══ **文书九** ═══
行政处罚听证通知书

一、 文书制作的基本知识

1. 行政处罚听证通知书的适用范围

（1）生态环境主管部门外部文书，送达当事人。

×××生态环境厅（局）
行政处罚事先（听证）告知书

_____环罚告〔 〕 号

（当事人名称或者姓名，与营业执照、居民身份证一致）：

我厅（局）于_____年_____月_____日对你（单位）进行了调查，发现你（单位）实施了以下环境违法行为：

（陈述违法事实，如违法行为发生的时间、地点、行为、情节、动机、后果等内容）

以上事实有（列举证据形式，阐述证据所要证明的内容）等证据为凭。

你（单位）的上述行为违反了（相关法律、法规、规章名称及条款序号）的规定。依据（相关法律、法规、规章名称及条款序号）的规定，阐述适用行政处罚裁量基准制度。我厅（局）拟对你（单位）作出如下行政处罚：

1. _____；

2. _____。（其中为罚款的，罚款数额大写）

根据《中华人民共和国行政处罚法》第三十二条的规定，你（单位）有权进行陈述和申辩。未提出陈述、申辩意见的，视为放弃此权利。

根据《中华人民共和国行政处罚法》第四十二条的规定，对上述拟作出的（符合听证条件的行政处罚种类和幅度），你（单位）有要求举行听证的权利。你（单位）如果要求听证，可以在收到本告知书之日起三日内向我（厅）局提出举行听证的要求；逾期未提出听证申请的，视为你（单位）放弃听证权利。

联系人：_____ 电 话：_____

地 址：_____ 邮政编码：_____

×××生态环境厅（局）（印章）

年 月 日

（2）适用于生态环境主管部门决定举行听证会后，在法定期限内通知利害关系人听证会的时间、地点、权利和注意事项，以使利害关系人有充分的时间准备参加听证。

2. 听证制度

听证制度是指行政主体在作出影响行政相对人合法权益的决定之前，由行政主体告知决定理由和听证权利，行政相对人向行政主体表达意见、提供证据，以及行政主体听取其意见、接纳其证据的程序所构成的一种法律制度。

（1）举行听证的方式　一种是公开的方式举行听证，公开的目的是让社会民众有机会了解行政机关的行政决定作出的过程，从而监督行政机关依法行政。另一种是不公开的方式举行听证，不公开的情形为涉及国家秘密、商业秘密或者个人隐私的。

（2）告知举行听证的期限　行政机关应在举行听证的 7 日前，通知当事人举行听证的时间、地点。

（3）委托代理　为了帮助行政相对人维护自己的合法权益，在听证过程中，行政相对人可以委托代理人参加听证，以维护自己的合法权益。

（4）听证的举行　①听证由行政机关指定的非本案调查人员主持；当事人认为主持人与本案有直接利害关系的，有权申请回避。②当事人可以亲自参加听证，也可以委托1～2人代理。③举行听证时，由调查人员提出当事人违法的事实、证据和行政处罚建议，当事人进行申辩和质证。④听证应当制作笔录，笔录应当交当事人审核无误后签字或者盖章。

3. 回避的情形、 对象和方式

（1）回避的情形　其中有关于回避的情形，应当符合《环境行政处罚办法》第八条规定的回避情形：

① 本案当事人或者当事人近亲属的；

② 本人或者近亲属与本案有直接利害关系的；

③ 法律、法规或者规章规定的其他回避情形。

（2）回避的对象　回避的对象是案件承办人员，包括听证主持人、记录员。

（3）回避方式　回避可以采取的方式有两种，一种是满足回避情形的人员自行回避；一种是当事人申请其回避，应当经过审查是否同意回避。

4. 存档要求

本文书一式两份，一份送达当事人（使用送达回证），一份随卷归档（附送达回证）。

二、 行政处罚听证通知书的主要内容

1. 首部

在文书正上方居中写明文书制作单位名称、制作的文书名称。

居右按照要求写明环境保护法律文书发文字号。文字号由四个部分组成：一是把单位名称中具有代表意义的两个字作制文单位简称；二是将制作的文书名称中具有代表意义的字作文书名称简称，如本文书行政处罚听证通知书简称为"听通"；三是制文年代，通常只写××××年，并多用六角括号括起来，如〔2019〕；四是该类文书年度内制文排列序号，一般从 1 号开始逐次排列。

2. 基本信息

当事人名称或姓名与营业执照、居民身份证保持一致。

3. 正文

（1）告知听证的基本信息　举行听证的案由。案由的书写有严格的形式要求，书写形式可表达为："涉嫌＋违法行为类别＋案"。

听证的时间。告知举行听证会的时间，具体到时、分。

听证的地点。告知举行听证会的具体地点。

听证的方式。听证的举行分为公开和不公开两种方式。公开举行的，组织听证的生态环境行政主管部门应在举行听证的 3 日前，以公告的形式，将听证的案由、时间、地点公开。

（2）告知参与听证的人员　通知书中应告知听证主持人、听证员、记录员的姓名、单位、职务等信息。

（3）权利的告知　①回避申请权。听证主持人、记录员有符合《环境行政处罚办法》第八条规定的回避情形，有权申请回避。②延期申请权。当事人有正当理由提出延期申请的，生态环境主管部门予以采纳。③委托代理权。当事人可以亲自参加听证，也可以委托 1～2 名代理人参加听证。

（4）参加听证的注意事项　注明参加听证的要求，如提前办理授权委托手续、携带证据材料、通知证人出席作证。

（5）联系人的基本信息　文书中应当告知联系人员的基本信息，如电话、地址、邮政编码。

4. 尾部

（1）加盖文书制作单位的印章。

（2）注明文书制作的年、月、日。

三、 行政处罚听证通知书的文书样式

见样式 9。

═══ **文书十** ═══
听证笔录

一、 文书制作的基本知识

1. 听证笔录的适用范围

（1）生态环境主管部门内部文书。

（2）适用于记录听证会情况。

2. 听证会程序

听证会按下列程序进行：

（1）听证会前首先由记录员清点核实申请人、案件调查人及其他听证参加人是否到场及其身份的真实性。

（2）记录员宣布听证会纪律、听证参加人的权利义务，报告主持人听证会可以开始。

（3）听证主持人介绍听证主持人、记录员的身份资格，并询问当事人是否申请回避。当事人申请听证主持人回避的，听证主持人应当宣布暂停听证，报请行政机关负责人决定是否回避；申请听证员、记录员回避的，由听证主持人当场决定。对驳回申请回避的决定，当事人可以申请复核一次。

（4）听证主持人宣布听证事项、介绍案由并说明听证会的目的和宗旨后，由调查人说明当事人的违法事实、证据、处罚依据、拟作出的处罚等。

（5）当事人就调查方公布的事实、依据及己方的主张进行陈述和申辩。

（6）在听证主持人的主持下，调查人、听证申请人进行质证，然后展开辩论。

（7）其他听证参加人（第三人、证人等）进行陈述。

样式9

×××生态环境厅（局）
行政处罚听证通知书

<u>   </u>环听通〔 〕   号

（当事人名称或者姓名，与营业执照、居民身份证一致）：

    你（单位）<u>   </u>年<u>   </u>月<u>   </u>日（案由）<u>   </u>一案提出听证要求，我厅（局）决定于<u>   </u>年<u>   </u>月<u>   </u>日<u>   </u>时<u>   </u>分在<u> </u>（听证地点）<u>   </u>（公开或者不公开）<u>   </u>举行听证会。

    本次听证会由（姓名、单位、职务）<u>   </u>为听证主持人，（姓名、单位、职务）<u>   </u>为记录员。

    如你（单位）认为听证主持人、记录员与本案有直接利害关系的，有权申请其回避。申请听证主持人、记录员回避的，在<u>   </u>年<u>   </u>月<u>   </u>日前向我厅（局）提出书面申请并说明理由。

    申请延期举行听证会的，在<u>   </u>年<u>   </u>月<u>   </u>日前向我厅（局）提出书面申请并说明理由。若无正当理由缺席，视为你（单位）放弃听证权利，听证终止。

    你（单位法定代表人）可以亲自参加听证，也可以委托1~2名代理人参加听证。

注意事项：

    1. 委托代理人参加听证的，在听证会举行前提交授权委托书，载明委托的事项、权限和期限。

    2. 携带当事人（委托代理人）的身份证明原件、复印件和有关证据材料。

    3. 通知有关证人出席作证，并事先告知我厅（局）联系人。

联系人：<u>   </u>电   话：<u>   </u>

地   址：<u>   </u>邮政编码：<u>   </u>

×××生态环境厅（局）（印章）

年 月 日

（8）调查人、听证申请人进行最后陈述。

（9）主持人宣布听证会结束。

3. 笔录制作要求

笔录应当全面、如实记录听证会上的陈述。听证记录要简练真实，抓住重点，涉及认定事实和定性等关键问题，力求记录原话。对当事人提出的主要观点、主要证据，要重点记录，表述清晰。质证情况是听证笔录的重点，要记录准确，经过质证的证据要在笔录中记明。

笔录不能随意空行，空白处注明"以下空白"或者画有斜线。笔录字迹要端正，保证可以正常阅读。

笔录必须当场制作，不得事后补记、增删。听证笔录应当在听证后当场交当事人审核或者向当事人宣读，当事人认为记录有遗漏或者有差错的，可以请求补充或者改正。当事人认为无误后，听证主持人、当事人及其代理人应当在听证笔录上签名或者盖章。

本文书原件随卷归档。

二、 听证笔录的主要内容

1. 首部

在文书正上方居中写明文书制作单位名称、制作的文书名称。

2. 基本信息

（1）案由和立案号　案由信息和立案号可以根据"环境违法行为立案审批表"的信息填写。

（2）听证会的基本信息

① 听证的时间，举行听证会的起止时间，具体到时、分。

② 听证的地点，举行听证会的具体地点。

③ 听证的方式，听证的举行分为公开和不公开两种方式。

（3）参与听证会人员的基本信息

① 听证主持人、听证员、记录员的姓名、工作单位及职务。

② 听证申请人及委托代理人基本信息。若听证申请人为法人或者其他组织的，填写名称和地址（与营业执照一致）、法定代表人（负责人）姓名和职务；若听证申请人为公民或者个体工商户、个人合伙的，填写姓名（营业执照中有经营字号的应注明登记字号）和地址（与居民身份证、营业执照一致）。

若有委托代理人的，写明其姓名、电话、工作单位、职务。

③ 案件调查人姓名、工作单位及执法证编号。

④ 有证人的，写明其姓名、工作单位（地址）、电话。

3. 正文

听证笔录的正文主要记录以下内容：

（1）举行听证会的内容和目的。

（2）介绍和核实听证参加人的姓名和身份。

（3）告知当事人、委托代理人和其他听证参加人依法享有的权利。

（4）宣布听证的纪律。

（5）案件调查人员陈述当事人违法的事实、证据、处罚依据及处罚建议。

（6）当事人对案件涉及的事实、证据等进行陈述、申辩的内容。

（7）案件调查人员和当事人双方质证、辩论的内容和证据。

（8）当事人的最后陈述意见。

4. 尾部

听证申请人及其委托代理人、案件调查人员、证人需要对笔录进行审阅，并根据审阅结果签署确认意见，如注明"以上笔录已阅无误"，并逐页签名、注明日期。

听证主持人、记录员也需要签名，并注明日期。

三、 听证笔录的文书样式

见样式 10。

文书十一
听证报告

一、 文书制作的基本知识

1. 听证报告的适用范围

（1）生态环境主管部门内部文书。

（2）听证会结束后，听证主持人依据听证情况，制作听证报告并提出处理意

×××生态环境厅（局）
听　证　笔　录

案由：_____　立案号：_____

时间：_____年_____月_____日_____时_____分至_____时_____分

地点：_____　方式：_____

听证主持人姓名：_____工作单位及职务：_____

听证员姓名：_____工作单位及职务：_____

记录员姓名：_____工作单位及职务：_____

听证申请人名称或姓名：_____地址：_____

法定代表人姓名：_____职务：_____

委托代理人（一）姓名：_____电话：_____

工作单位：_____职务：_____

委托代理人（二）姓名：_____电话：_____

工作单位：_____职务：_____

有关证人姓名及工作单位：_____

案件调查人（一）姓名：_____工作单位及执法证编号：_____

案件调查人（二）姓名：_____工作单位及执法证编号：_____

有关证人姓名及工作单位：_____

听证笔录（正文）：_____

_____

_____

_____

以上笔录已阅无误。

听证申请人及委托代理人、有关证人签名：_____年___月___日

案件调查人及有关证人签名：_____　_____年___月___日

听证主持人签名：_____　　　　　_____年___月___日

记录员签名：_____　　　　　　　_____年___月___日

见，连同听证笔录向生态环境主管部门负责人报告听证会情况。

2. 制作要求

（1）听证会结束后，听证主持人依据听证笔录制作听证报告。

（2）将听证笔录附在听证报告后供查。

二、 听证报告的主要内容

1. 首部

在文书正上方居中写明文书制作单位名称、制作的文书名称。

2. 基本信息

（1）案由 案由的书写有严格的形式要求，听证报告中的案由书写形式可表达为："涉嫌＋违法行为类别＋案"。案由的关键是确定违法行为和违法行为种类，案由中的违法行为应当从法律条文中予以提取并归纳。

（2）听证会的基本信息

① 听证时间，举行听证会的起止时间，具体到时、分。

② 听证地点，举行听证会的具体地点。

（3）参与听证会人员的基本信息

① 听证主持人、记录员的姓名。

② 听证申请人及委托代理人基本信息。当事人为法人或者其他组织的，填写名称（与营业执照一致）、法定代表人（负责人）姓名；当事人为公民或者个体工商户、个人合伙的，填写姓名（营业执照中有经营字号的应注明登记字号），相关信息与居民身份证、营业执照一致。

有委托代理人，写明其姓名。

③ 案件调查人姓名、工作单位。

3. 正文

（1）当事人申辩质证的主要内容 案件基本情况。载明案件调查人对案件事实认定、相关证据、理由以及处理意见；当事人或委托代理人陈述申辩的理由和要求。

（2）争论焦点问题 可以归纳当事人和案件调查人员间争论的焦点问题。

（3）主持人意见和建议 听证主持人可综合听证双方意见，确认案件事实是否清楚，证据是否确凿，程序是否合法，适用法律是否正确，并明确提出处理意见。

4. 尾部

（1）听证主持人、记录员签名。

（2）注明文书制作的年、月、日。

三、 听证报告的文书样式

见样式 11。

文书十二
行政处罚决定书

一、 文书制作的基本知识

1. 行政处罚决定书的适用范围

（1）生态环境主管部门外部文书，送达当事人。

（2）适用于经过调查取证确认当事人存在环境违法行为，作出行政处罚决定的情况。

2. 行政处罚决定书说理性内容

行政处罚决定书应有说理性内容，说明事理、情理和法理。主要包括：

（1）对违法行为的构成要件、因果关系和违法事实的认定过程等陈述清楚。

（2）阐述证据形式和证据所要证明的内容。

（3）适用法律依据时应当完整地引用定性依据和处罚依据。

（4）对当事人陈述申辩理由、证据或听证的过程、结论和行政机关是否采纳意见的理由、依据，应当详细阐述，当事人放弃陈述申辩或听证的也应予以说明。

（5）作出从重、从轻、减轻或其他有裁量幅度的行政处罚的，应当在行政处罚决定书中说明法定理由和依据。

3. 从重、 从轻和减轻处罚

（1）从重处罚是指在法定处罚种类和幅度内对行为人适用较重种类或者较高幅度的处罚。它表明应受处罚的行为是严重的，只有对行为人处以较重的处罚，通过加重行为人的责任，才能保持行政处罚与违法行为的性质和情节相适应。据此可以从以下几个方面理解其内涵：

样式11

×××生态环境厅（局）
听 证 报 告

案由：_____

听证时间：_____年_____月_____日_____时_____分至_____时_____分

听证地点：_____

听证主持人：_____记录员：_____

听证申请人：_____法定代表人（负责人）：_____

委托代理人：_____、_____

案件调查人：_____工作单位：_____

当事人申辩质证的主要内容：_____

_____

_____

_____

_____

争论焦点问题：_____

_____

_____

_____

_____

主持人意见和建议：_____

_____

_____

_____

听证主持人：_____

记录员：_____

年　月　日

① 从重处罚必须是在法定处罚范围内从事。如果超出了法定处罚范围，则是"加重"，而不是"从重"。

② 从重处罚必须以"从重处罚情节"为依据。

③ 从重处罚的"从重"，只能是适度从重。这里必须明确两点，一是从重未必就必须在量刑幅度的中间线以上处罚。二是对从重处罚情节的社会危害性要作出正确估计，做到"罚当其错"。

（2）从轻处罚　是在违法行为应当受到的处罚幅度以内，给予较轻的处罚。

（3）减轻处罚　是在违法行为应当受到的处罚幅度以外，减轻一档给予处罚。

《中华人民共和国行政处罚法》第二十五条和第二十七条规定了应当从轻或者减轻处罚的法定情节：①已满十四周岁不满十八周岁的人有违法行为的；②主动消除或者减轻违法行为危害后果的；③受他人胁迫有违法行为的；④配合行政机关查处违法行为有立功表现的；⑤其他依法从轻或者减轻行政处罚的。违法行为轻微并及时纠正，没有造成危害后果的，不予行政处罚。

4. 逾期不履行行政处罚决定的可采取的措施

根据《中华人民共和国行政处罚法》第五十一条的规定，当事人逾期不履行行政处罚决定的，作出行政处罚决定的行政机关可以采取下列措施：

（1）到期不缴纳罚款的，每日按罚款数额的百分之三加处罚款；

（2）根据法律规定，将查封、扣押的财物拍卖或者将冻结的存款划拨抵缴罚款；

（3）申请人民法院强制执行。

5. 行政复议

根据《中华人民共和国行政复议法》第九条的规定，公民、法人或者其他组织认为具体行政行为侵犯其合法权益的，可以自知道该具体行政行为之日起六十日内提出行政复议申请；但是法律规定的申请期限超过六十日的除外。因不可抗力或者其他正当理由耽误法定申请期限的，申请期限自障碍消除之日起继续计算。由此可见提起复议的期限是自收到决定书之日起六十日内提出。

根据《中华人民共和国行政复议法》第十二条规定，对县级以上地方各级人民政府工作部门的具体行政行为不服的，由申请人选择，可以向该部门的本级人民政府申请行政复议，也可以向上一级主管部门申请行政复议。据此申请人可以向上一级生态环境主管部门或者本级人民政府申请行政复议。

6. 行政诉讼

根据《中华人民共和国行政诉讼法》第四十六条的规定，公民、法人或者其他组织直接向人民法院提起诉讼的，应当自知道或者应当知道作出行政行为之日起六个月内提出。法律另有规定的除外。可见提起诉讼的期限是在收到本决定书之日起六个月内。

根据《中华人民共和国行政诉讼法》第十八条有关于管辖的规定，行政案件由最初作出行政行为的行政机关所在地人民法院管辖。经复议的案件，也可以由复议机关所在地人民法院管辖。经最高人民法院批准，高级人民法院可以根据审判工作的实际情况，确定若干人民法院跨行政区域管辖行政案件。由此可见提起行政诉讼的管辖由最初作出行政处罚决定的行政机关所在地人民法院管辖。

7. 制作要求

行政处罚决定一经作出，非经法定程序不得擅自变更或者撤销。

行政处罚决定作出后，应在法定期限内以法定方式送达当事人，并提取送达回证。

文书一式三份，一份送达当事人（使用送达回证），一份附送罚没账户查收，一份随卷归档（附送达回证）。

二、 行政处罚决定书的主要内容

1. 首部

在文书正上方居中写明文书制作单位名称、制作的文书名称。

居右按照要求写明环境保护法律文书发文字号。文字号由四个部分组成：一是把单位名称中具有代表意义的两个字作制文单位简称；二是将制作的文书名称中具有代表意义的字作文书名称简称，如本文书行政处罚决定书简称为"罚"；三是制文年代，通常只写××××年，并多用六角括号括起来，如〔2019〕；四是该类文书年度内制文排列序号，一般是从1号开始逐次排列。

2. 基本信息

当事人为法人或组织的，写明单位名称、地址、营业执照注册号、组织机构代码、法定代表人（负责人）姓名及职务。以上信息应当与营业执照保持一致，但对于已经实行了"三码合一"的法人或组织填写社会信用代码，不再填写营业执照注册号、组织机构代码。

当事人为公民或者个体工商户、个人合伙的，注明姓名（营业执照中有经营字号的应注明登记字号）、居民身份证号码、住址，相关信息与居民身份证、营业执照一致。无营业执照的填写实际地址。

3. 正文

（1）调查的基本信息　文书中应当写明调查机构的名称、调查时间。

写明调查了解到的违法行为信息。对违法行为的构成要件、因果关系和违法事实的认定过程等陈述清楚。

证明以上违法行为的证据信息，包括证据名称、提取（作出）时间、提供（作出）单位、证明内容等。采集和使用的证据应合法、有效。常见的证据主要有现场检查笔录、调查询问笔录、身份证明、营业执照、现场照片、销售单据、抽样检验结论等书证、物证。

（2）违反的法律、法规、规章名称及条款序号　引用法律、法规、规章时名称用全称，如《中华人民共和国固体废物污染环境防治法》。引用法律条文要写明完整的条款序号，如法律条文中有款或者项的，要具体写××条××款或者××条××款××项，没有款或者项的要具体到条。

（3）告知当事人权利的相关情况　将之前告知当事人陈述申辩、听证的情况在文书中写明，并简要叙述当事人陈述申辩或者听证过程、结论，行政机关是否采纳当事人意见的情况及理由。当事人放弃陈述、申辩的，也予以说明。

（4）裁量依据　作出从重、从轻、减轻或其他有裁量幅度的行政处罚的，应当在行政处罚决定书中说明法定理由和依据。

① 从重，是在违法行为应当受到的处罚幅度以内，给予较重的处罚；

② 从轻，是在违法行为应当受到的处罚幅度以内，给予较轻的处罚；

③ 减轻，是在违法行为应当受到的处罚幅度以外，减轻一档给予处罚。

（5）处罚的信息　注明行政处罚的依据，表述为"依据（相关法律、法规、规章名称及条款序号）的规定"。根据处罚的条文写明行政处罚的种类、幅度信息。

（6）履行的要求　文书中明确行政处罚的履行方式、履行期限。

（7）救济途径和期限　如当事人对行政处罚决定书不服，可以自收到决定书之日起六十日内通过提起行政复议或者六个月内提起行政诉讼两种途径救济自己的权利。

4. 尾部

（1）加盖文书制作单位的印章。

（2）注明文书制作的年、月、日。

三、 行政处罚决定书的文书样式

见样式 12。

×××生态环境厅（局）
行政处罚决定书

_____环罚〔 〕 号

（当事人名称或者姓名，与营业执照、居民身份证一致）：_____
营业执照注册号（居民身份证号码）：_____ 组织机构代码：_____
社会信用代码：_____
地址：_____ 法定代表人（负责人）：_____

我厅（局）于_____年_____月_____日对你（单位）进行了调查，发现你（单位）实施了以下环境违法行为：（陈述违法事实，如违法行为发生的时间、地点、情节、动机、危害后果等内容）。

以上事实，有(列举证据形式，阐述证据所要证明的内容)等证据为凭。

你(单位)的上述行为违反了(相关法律、法规、规章名称及条款序号)的规定。

我局于_____年_____月_____日以"行政处罚事先(听证)告知书"(××〔 〕×号)告知你(单位)陈述申辩权(听证申请权)。_____年_____月_____日，(叙述陈述申辩及听证过程、当事人意见理由及证据、生态环境主管部门采纳当事人意见的情况及理由。有从重、从轻、减轻或其他有裁量幅度的，说明法定理由和依据。)

依据(相关法律、法规、规章名称及条款序号)的规定，阐述适用行政处罚裁量基准制度，我厅(局)决定对你(单位)处以如下行政处罚：

1. _____。

2. 罚款(大写)_____元。

限于接到本处罚决定之日起15日内缴纳罚款至指定银行和账号。逾期不缴纳罚款的，我厅(局)可以根据《中华人民共和国行政处罚法》第五十一条第一项规定每日按罚款数额的3%加处罚款。

收款银行：_____ 户名：_____

账号：_____

你(单位)如不服本处罚决定，可在收到本处罚决定书之日起六十日内向×××人民政府或者×××生态环境厅(局)申请行政复议，也可以在六个月内向×××人民法院提起行政诉讼。申请行政复议或者提起行政诉讼，不停止行政处罚决定的执行。

逾期不申请行政复议，不提起行政诉讼，又不履行本处罚决定的，我厅(局)将依法申请人民法院强制执行。

×××生态环境厅(局)(印章)

年 月 日

═══ **文书十三** ═══
送达回证

一、 文书制作的基本知识

1. 送达回证的适用范围

（1）生态环境主管部门内部文书。

（2）适用于文书送达，证明当事人已经收到法律文书的。

2. 送达方式

注明送达方式，行政文书的送达方式具体包括：直接送达、留置送达、委托送达、邮寄送达、转交送达、公告送达。

（1）直接送达　送达行政文书，应当直接送交受送达人。受送达人是公民的，本人不在交，他的同住成年家属签收；受送达人是法人或者其他组织的，应当由法人的法定代表人、其他组织的主要负责人或者该法人、组织负责收件的人签收；受送达人有代理人的，可以送交其代理人签收；受送达人已向相关部门指定代收人的，送交代收人签收。

受送达人的同住成年家属，法人或者其他组织的负责收件的人，诉讼代理人或者代收人在送达回证上签收的日期为送达日期。

（2）留置送达　受送达人或者他的同住成年家属拒绝接收行政文书的，送达人应当邀请有关基层组织或者所在单位的代表到场，说明情况，在送达回证上记明拒收事由和日期，由送达人、见证人签名或者盖章，把行政文书留在受送达人的住所，即视为送达。

（3）委托送达　直接送达行政文书有困难的，可以委托送达，但应注明情况。

（4）邮寄送达　直接送达行政文书有困难的，也可以邮寄送达，此外还可以采用传真、电子邮件等能够确认其收悉的方式送达行政文书。采用传真、电子邮件等方式送达行政文书，以传真、电子邮件等到达受送达人特定系统的日期为送达日期。邮寄送达的，以回执上注明的收件日期为送达日期。

（5）转交送达　转交送达是对特殊的收件人由有关部门转交行政文书的送达

方式。受送达人是军人的，通过其所在部队团以上单位的政治机关转交。受送达人被监禁的，通过其所在监所转交。受送达人被采取强制性教育措施的，通过其所在强制性教育机构转交。

代为转交的机关、单位收到行政文书后，必须立即交受送达人签收，以在送达回证上的签收日期，为送达日期。

（6）公告送达　受送达人下落不明，或者用之前的其他方式无法送达的，可采用公告送达的方式。自发出公告之日起，经过六十日，即视为送达。公告送达时应登记公告时间和公告范围、形式及载体，在案卷中记明原因和经过并将公告载体作附件存档。

3. 文书送达时限

（1）可以当场认定违法排放污染物的，应当在现场调查时向排污者送达责令改正违法行为决定书，责令立即停止违法排放污染物行为。

（2）需要通过环境监测认定违法排放污染物的，应当在取得环境监测报告后3个工作日内下达责令改正违法行为决定书，责令立即停止违法排放污染物行为。

（3）其他行政处罚文书7个工作日内送达。

4. 归档要求

送达回证附在所送文书后随卷归档。

二、 送达回证的主要内容

（一）首部
在文书正上方居中写明文书制作单位名称、制作的文书名称。

（二）正文

1. 送达文书名称及文号

文书中写明需要送达的文书名称和发文文号。

2. 受送达人名称或姓名

与送达文书保持一致，受送达人为法人或其他组织的，应使用全称；受送达人名称或姓名，应与案件当事人一致。

3. 送达地点

有送达日期和送达地点信息。

4. 送达方式

注明送达方式，行政文书的送达方式具体包括：直接送达、留置送达、委托送达、邮寄送达、转交送达、公告送达。

5. 签名

收件人签名并注明收件日期。当事人以外的其他人代收的，注明与当事人关系。当事人拒收的，注明拒收情况，并请见证人签名。另送达人栏应有两名以上送达人在送达回证上签名。

6. 盖章

送达回证应当盖有送达机关印章。

7. 备注

委托送达、留置送达的在备注中注明情况；邮寄送达的将挂号信回执粘贴于备注中；公告送达将公告文书随卷归档。

三、 送达回证的文书样式

见样式 13。

文书十四
同意分期（延期） 缴纳罚款通知书

一、 文书制作的基本知识

1. 同意分期（延期） 缴纳罚款通知书的适用范围

（1）生态环境主管部门外部文书，需要送达当事人。

（2）适用于对确有经济困难的当事人分期或者延期缴纳罚款的申请，批复同意的情况。

2. 分期或者延期申请的依据

依据《中华人民共和国行政处罚法》第五十二条规定，当事人确有经济困难，需要延期或者分期缴纳罚款的，经当事人申请和行政机关批准，可以暂缓或者分期缴纳。

分期或者延期审批的注意事项：首先，"确有经济困难"是同意延期或者分期缴纳罚款的审批条件。其次，确有经济困难，需要延期或者分期缴纳罚款的，

样式13

×××生态环境厅（局）
送 达 回 证

送达文书名称及文号	
受送达人名称或姓名	
送达地点	
送达方式	
收件人签字（或盖章）及收件日期	（与受送达人的关系：） 　　　年　月　日
送达人（两人签字）	
送达机关盖章	年　月　日
备　注	

当事人应当在行政处罚决定书确定的缴纳期限届满前，向作出行政处罚决定的生态环境主管部门提出延期或者分期缴纳的书面申请。在行政处罚决定书确定的缴纳期限届满后提出申请的，不予批准。最后，延期或者分期缴纳的最后一期缴纳时间不得晚于申请人民法院强制执行的最后期限。

3. 制作要求

文书一式三份，一份送达当事人（使用送达回证），一份送达罚款收缴机构，一份随卷归档（附送达回证）。

二、 同意分期（延期） 缴纳罚款通知书的主要内容

1. 首部

在文书正上方居中写明文书制作单位名称、制作的文书名称。

文书居右按照要求写明环境保护法律文书发文字号。文字号包括制文单位简称、文书名称简称、制文年代、该类文书年度内制文排列序号。

2. 基本信息

当事人为法人或组织的，写明单位名称、地址、营业执照注册号、组织机构代码、法定代表人（负责人）姓名及职务。以上信息应当与营业执照保持一致，但对于已经实行了"三码合一"的法人或组织填写社会信用代码，不再填写营业执照注册号、组织机构代码。

当事人为公民或者个体工商户、个人合伙的，注明姓名（营业执照中有经营字号的应注明登记字号）、居民身份证号码、住址，相关信息与居民身份证、营业执照一致。无营业执照的填写实际地址。

3. 正文

（1）作出罚款的"行政处罚决定书"的基本信息　文书中先写明作出罚款处罚的"行政处罚决定书"的文号以及作出时间，表述为"_____年_____月_____日作出的'行政处罚决定书'（环罚〔　〕号），对你（单位）罚款_____元（大写）"。

（2）申请信息　分期或者延期申请一般是由当事人主动提出申请，文书中应写明当事人提出分期或者延期申请的时间，表述为"你（单位）于_____年_____月_____日申请（分期、延期缴纳罚款）"。

（3）有分期或者延期的具体期限信息　同意延期缴纳的，写明缴纳的最后期限；同意分期缴纳的，写明期次、每期金额和每期期限。

（4）逾期缴纳罚款的法律后果　文书中应当明确告知逾期缴纳罚款的每日按罚款数额的百分之三加处罚款。

4. 尾部

（1）加盖文书制作单位的印章。

（2）注明文书制作的年、月、日。

三、 同意分期（延期） 缴纳罚款通知书的文书样式

见样式 14。

文书十五
结案审批表

一、 文书制作的基本知识

1. 结案审批表的适用范围

（1）生态环境主管部门内部文书。

（2）适用于行政处罚案件办理完毕的结案审批。

2. 结案的条件

根据《环境行政处罚办法》第六十七条规定，可以结案的条件如下：

（1）行政处罚决定由当事人履行完毕的；

（2）行政处罚决定依法强制执行完毕的；

（3）不予行政处罚等无须执行的；

（4）行政处罚决定被依法撤销的；

（5）环境保护主管部门认为可以结案的其他情形。

二、 结案审批表的主要内容

1. 首部

在文书正上方居中写明文书制作单位名称、制作的文书名称。

×××生态环境厅（局）
同意分期（延期）缴纳罚款通知书

_____环分（延）缴〔 〕 号

（当事人名称或者姓名，与营业执照、居民身份证一致）：

营业执照注册号（居民身份证号码）：_____

组织机构代码：_____

社会信用代码：_____

地址：_____

法定代表人（负责人）：_____

我厅（局）于_____年_____月_____日作出的"行政处罚决定书"（ 环罚〔 〕 号），对你（单位）罚款_____元（大写）。你（单位）于_____年_____月_____日申请（分期、延期缴纳罚款）。

依据《中华人民共和国行政处罚法》第五十二条的规定，我厅（局）同意你（单位）延期至_____年_____月_____日前缴纳罚款。

［批准分期缴纳罚款的，写明：依据《中华人民共和国行政处罚法》第五十二条的规定，我厅（局）同意你（单位）分期缴纳罚款。第_____期至_____年_____月_____日前，缴纳罚款_____元（大写）；第_____期至_____年_____月_____日前，缴纳罚款_____元（大写）；第_____期至_____年_____月_____日前，缴纳罚款_____元（大写）。］

代收机构以本通知书为据，办理收款手续。

逾期未缴纳罚款的，我厅（局）可以依据《中华人民共和国行政处罚法》第五十一条第（一）项的规定，每日按罚款数额的3%加处罚款。加处的罚款由代收机构直接收缴。

×××生态环境厅（局）（印章）

年 月 日

2. 正文

（1）案件基本信息　根据立案审批表写明案由、案件来源以及立案日期。

（2）当事人基本信息　写明当事人的名称或姓名、地址或住址，法定代表人（负责人）姓名、职务或职业、工作单位。

（3）承办人员基本信息　写明案件承办人员的姓名以及执法证编号。

（4）行政处罚决定书文号　填写作出的行政处罚决定书的文号，也是执法的依据。

（5）简要案情及查处经过　填写有简要案情和案件调查处理过程，如立案号，违法行为发生的时间、地点、情节、后果等；违反的法律法规，调查取证经过和主要证据。

（6）处理依据及结果　填写处罚时依据的法律法规，包括行政处罚的具体情况，如处罚文书名称及文号，作出行政处罚的依据条款和作出的行政处罚决定的种类、幅度，处理结果等内容。

（7）行政复议、行政诉讼情况　填写行政复议、行政诉讼基本信息。比如是否经过行政复议、行政诉讼及结果（注明复议决定书、法院判决书、裁定书的结论）。

（8）处罚执行情况及罚没财物的处置情况　填写案件执行的基本信息。比如，该行政处罚是当事人自动履行，还是申请人民法院强制执行，或者由行政机关依法强制执行。如果有没收违法所得或者非法财物的，应写明处置方式和处置结果，如上缴国库、依法拍卖或变卖、就地销毁或择期销毁等。如果生态环境主管部门同意分期（延期）履行行政处罚决定的，也应在行政处罚执行情况栏予以注明。

（9）承办人意见　填写承办人建议结案的理由、签名及日期。

（10）承办机构负责人意见　填写承办机构负责人同意或不同意结案的意见、签名及日期。

（11）生态环境主管部门负责人审批意见　填写生态环境主管部门负责人同意或不同意结案的意见、签名及日期。

（12）备注　是在表格上为附加必要的注释说明而留的一栏，在制作表格类环境保护法律文书时，需要对案情注解说明的内容填在备注这一栏上。

三、 结案审批表的文书样式

见样式 15。

×××生态环境厅（局）
行政处罚案件结案审批表

案由		案件来源	
当事人 名称/姓名		法定代表人 （负责人）	
工作单位		职务或职业	
地址或 住址			
立案时间	年 月 日	案件承办人及 执法证编号	
行政处罚 决定书文号			
简要案情及 查处经过			
处理依据 及结果			
行政复议、 行政诉讼 情况			
处罚执行情况及罚 没财物的处置情况			
承办人 意见			
承办机构 负责人意见			
生态环境主管 部门负责 人审批意见			
备注			

═══ 文书十六 ═══
当场行政处罚决定书

一、 文书制作的基本知识

1. 当场行政处罚决定书的适用范围

（1）生态环境主管部门外部文书，送达当事人。

（2）适用的条件　根据《环境行政处罚办法》第五十八条规定，违法事实确凿、情节轻微并有法定依据，对公民处以 50 元以下、对法人或者其他组织处以 1000 元以下罚款或者警告的行政处罚，可以适用简易程序，当场作出行政处罚决定。具体包括：

① 违法事实确凿。即当场能够有充分证据确认其违法事实，而不需要调查取证。如不按规定违法排污的。

② 违法事实情节轻微。即违法情节不严重，造成的后果不大或尚未造成后果。如在生态环境主管部门进行现场检查时故意弄虚作假，但并未造成污染事故的。

③ 有法定依据。即对该种违法行为，法律规范已经明确规定了处罚的内容，实施处罚的工作人员可以当场向违法人宣读该规定的。

④ 处罚较轻微。根据《环境行政处罚办法》规定，只有对公民处以 50 元以下、对法人或者其他组织处以 1000 元以下的罚款或警告（责令改正）的行政处罚，才可以适用简易程序当场作出处罚。

2. 当场行政处罚的执法程序

（1）执法人员应向当事人出示行政执法证件，即表明身份，以证明自己有权对违法人作出处罚；

（2）现场查清当事人的违法事实，并制作现场检查笔录依法取证；

（3）向当事人说明违法的事实、行政处罚的理由和依据、拟给予的行政处罚，告知陈述、申辩权利；

（4）听取当事人的陈述和申辩（保证当事人的权利）；

（5）填写预定格式、编有号码、盖有生态环境主管部门印章的行政处罚决定书，由执法人员签名或者盖章，当场宣读并将行政处罚决定书"当事人联"当场交付当事人，"存根联"作为案卷存档；

（6）告知当事人如对当场作出的行政处罚决定不服，可以依法申请行政复议或者提起行政诉讼；

（7）当场收缴罚款的应交付法定罚款票据并及时交至所属生态环境主管部门；

（8）执法人员当场作出的行政处罚决定，必须在决定之日起 3 个工作日内报所属生态环境主管部门备案。

3. 当场收缴罚款

当场处罚不等于当场收缴罚款，当场收缴的适用情形如下：

（1）依法给予 20 元以下罚款的；

（2）不当场收缴事后难以执行的；

（3）在边远、水上、交通不便地区，当事人向指定的银行缴纳罚款确有困难，经当事人提出，行政机关及其执法人员可以当场收缴罚款。

二、 当场行政处罚决定书的主要内容

当场行政处罚决定书分为"存根联"和"当事人联"，两联中间需要加盖生态环境主管部门骑缝章。

	生态环境主管部门名称、文书名称和统一编号
	当事人名称或姓名、地址。当事人为法人或者其他组织的，填写名称和地址（与营业执照一致）；当事人为公民或者个体工商户、个人合伙的，填写姓名（营业执照中有字号的应注明登记的字号）和地址（与居民身份证、营业执照一致）
	违法行为信息，包括时间、地点、行为、情节、动机、后果等
"存根联"和"当事人联"都有的内容	违反的法律、法规、规章名称和条款序号
	告知当事人陈述、申辩权利及听取当事人陈述、申辩的情况。当事人放弃陈述、申辩的，也予以说明
	有行政处罚的依据，注明依据什么相关法律、法规、规章名称及条款的规定作出处罚
	行政处罚的种类、幅度
	行政处罚的履行方式、履行期限
	执法人员签名及执法证件编号
"存根联"有的内容	当事人的营业执照注册号、电话
	当事人需要签名。如果当事人拒绝签名的，予以注明
"当事人联"有的内容	告知不服行政处罚决定的救济途径和期限，"如你（单位）对本行政处罚决定不服，可在收到本行政处罚书决定之日起六十日内向×××生态环境厅局或者×××人民政府申请行政复议，也可在收到本行政处罚决定书之日起六个月内向××人民法院提起行政诉讼。"
	不履行处罚决定的法律后果，如"逾期不申请行政复议，不提起行政诉讼，又不履行本处罚决定的，我厅（局）将依法申请人民法院强制执行。"
	有生态环境主管部门印章，作出决定的日期年、月、日

三、 当场行政处罚决定书的文书样式

见样式 16。

×××生态环境厅（局）
当场行政处罚决定书（存根联）

统一编号：＿＿＿＿＿＿环当罚〔 〕第 号

（当事人名称或姓名）于 ＿＿＿＿ 年 ＿＿＿＿ 月 ＿＿＿＿ 日 ＿＿＿＿ 时，在（违法地点）因（行为方式）的行为，违反了（法律依据名称条款）的规定。 执法人员当场告知其违法事实、依据和权利，（听取当事人陈述、申辩的情况）。 现依据（法律依据名称条款），本机关当场决定对其处以警告和罚款 ＿＿＿＿ 千 ＿＿＿＿ 百 ＿＿＿＿ 拾 ＿＿＿＿ 元的处罚。 缴款方式：（1）当场收缴。（2）要求其在收到本决定书之日起15日内将罚款交至（银行名称、账号、账户）。

当事人签名：＿＿＿＿＿＿＿＿ 营业执照注册号（居民身份证号码）：＿＿＿＿＿＿＿＿

联系地址：＿＿＿＿＿＿＿＿＿＿＿＿＿＿ 电话：＿＿＿＿＿＿＿＿＿＿＿＿

执法人员签名及执法证编号：＿＿＿＿＿＿＿＿＿＿＿＿＿＿＿＿＿＿

年 月 日

×××生态环境厅（局）
当场行政处罚决定书（当事人联）

统一编号：_____ 环当罚〔 〕第 号

当事人名称或姓名：_____ 居民身份证号码：_____

法定代表人或负责人姓名：_____ 地址：_____

你（单位）于_____年_____月_____日_____时，在(违法地点)因(行为方式)的行为，违反了(法律依据名称条款)的规定，事实确凿。本机关执法人员当场向你（单位）告知了违法事实、依据和依法享有的权利。并听取了你（单位）的陈述、申辩（或：对此，你（单位）未作陈述、申辩）。现依据(法律依据条款)，我厅(局)决定对你（单位）处以下行政处罚：

1. 警告；

2. 罚款人民币_____千_____百_____拾_____元整（大写）。

¥：_____

缴纳罚款方式：(1)当场收缴。(2)要求你（单位）自收到本决定书之日起15日内将罚款交至_____。账号：_____ 户名：_____。逾期缴纳罚款的，依据《中华人民共和国行政处罚法》第五十一条第(一)项的规定，每日按罚款数额的3%加处罚款。

如你（单位）对本决定不服，可在收到本决定书之日起六十日内向×××生态环境厅(局)或者×××人民政府申请行政复议，也可在收到本决定书之日起六个月内向×××人民法院提起行政诉讼。

申请行政复议或者提起行政诉讼，不停止行政处罚决定的执行。

逾期不申请行政复议，不提起行政诉讼，又不履行本处罚决定的，我厅(局)将依法申请人民法院强制执行。

执法人员签名及执法证编号：_____

×××生态环境厅（局）（印章）

年 月 日

文书十七
按日连续处罚决定书

一、 文书制作的基本知识

1. 按日连续处罚决定书的适用范围

（1）生态环境主管部门外部文书，送达当事人。

（2）根据《环境保护主管部门实施按日连续处罚办法》（部令第28号）第五条的规定：排污者有下列行为之一，受到罚款处罚，被责令改正，拒不改正的，依法作出罚款处罚决定的环境保护主管部门可以实施按日连续处罚，①超过国家或者地方规定的污染物排放标准，或者超过重点污染物排放总量控制指标排放污染物的；②通过暗管、渗井、渗坑、灌注或者篡改、伪造监测数据，或者不正常运行防治污染设施等逃避监管的方式排放污染物的；③排放法律、法规规定禁止排放的污染物的；④违法倾倒危险废物的；⑤其他违法排放污染物行为。

2. 拒不改正情形的认定

排污者具有下列情形之一的，认定为拒不改正：

① 责令改正违法行为决定书送达后，生态环境主管部门复查发现仍在继续违法排放污染物的；

② 拒绝、阻挠生态环境主管部门实施复查的。

3. 从重、从轻和减轻处罚

（1）从重处罚　从重处罚是指在法定处罚种类和幅度内对行为人适用较重种类或者较高幅度的处罚。它表明应受处罚的行为是严重的，只有对行为人处较重的处罚，通过加重行为人的责任，才能保持行政处罚与违法行为的性质和情节相适应。据此可以从以下几个方面理解其内涵：

① 从重处罚必须是在法定处罚范围内从事。如果超出了法定处罚范围，则是"加重"，而不是"从重"。

② 从重处罚必须以"从重处罚情节"为依据。

③从重处罚的"从重"，只能是适度从重。这里必须明确两点，一是从重未

必就必须在量刑幅度的中间线以上处罚。二是对从重处罚情节的社会危害性要作出正确估计，做到"罚当其错"。

（2）从轻处罚　是在违法行为应当受到的处罚幅度以内，给予较轻的处罚。

（3）减轻处罚　是在违法行为应当受到的处罚幅度以外，减轻一档给予处罚。

《中华人民共和国行政处罚法》第二十五条和第二十七条规定了应当从轻或者减轻处罚的法定情节：①已满十四周岁不满十八周岁的人有违法行为的。②主动消除或者减轻违法行为危害后果的。③受他人胁迫有违法行为的。④配合行政机关查处违法行为有立功表现的。⑤其他依法从轻或者减轻行政处罚的。违法行为轻微并及时纠正，没有造成危害后果的，不予行政处罚。

4. 制作事项

文书一份送达当事人（使用送达回证），一份随卷归档（附送达回证）。

二、 按日连续处罚决定书的主要内容

1. 首部

在文书正上方居中写明文书制作单位名称、制作的文书名称。

文书居右按照要求写明环境保护法律文书发文字号。文字号由四个部分组成：一是把单位名称中具有代表意义的两个字作制文单位简称；二是将制作的文书名称中具有代表意义的字作文书名称简称，如本文书按日连续处罚决定书简称为"连罚"；三是制文年代用六角括号括起来，如〔2019〕；四是该类文书年度内制文排列序号。

2. 基本信息

当事人为法人或组织的，写明单位名称、地址、营业执照注册号、组织机构代码、法定代表人（负责人）姓名。以上信息应当与营业执照保持一致，但对于已经实行了"三码合一"的法人或组织填写社会信用代码，不再填写营业执照注册号、组织机构代码。

当事人为公民或者个体工商户、个人合伙的，注明姓名（营业执照中有经营字号的应注明登记字号）、居民身份证号码、住址，相关信息与居民身份证、营业执照一致。无营业执照的填写实际地址。

3. 正文

（1）调查的基本信息　文书中应当写明调查机构的名称、调查时间。

写明调查了解到的违法行为信息，包括时间、地点、情节、动机、危害、后果等内容。

证明以上违法行为的证据信息，包括证据名称、提取（作出）时间、提供

（作出）单位、证明内容等。采集和使用的证据应合法、有效。常见的证据主要有现场检查笔录、调查询问笔录、身份证明、营业执照、现场照片、销售单据、采样检验结论等书证、物证。

（2）违反的法律、法规、规章名称和条款序号　引用法律、法规、规章时名称用全称，如《中华人民共和国环境保护法》。引用法律条文要写明完整的条款序号，如法律条文中有款或者项的，要具体写××条××款或者××条××款××项，没有款或者项的要具体到条。

（3）责令改正违法行为决定书的信息　文书中需写明责令改正违法行为决定书的送达时间、文字号等。

（4）原行政处罚决定书的信息　文书中需写明原行政处罚决定书的送达时间、发文字号、罚款的具体金额等。

（5）复查的基本情况　写明复查的时间，一般复查应当在送达责令改正违法行为决定书之日起 30 日内。

复查时发现的拒不改正违法事实。如责令改正违法行为决定书送达后，生态环境主管部门复查发现仍在继续违法排放污染物的或者拒绝、阻挠生态环境主管部门实施复查的。

对于违法事实，需要列举证据形式，阐述证据所要证明的内容。采集和使用的证据应合法、有效。常见的证据主要有现场检查笔录、调查询问笔录、身份证明、营业执照、现场照片、销售单据、采样检验结论等书证、物证。

（6）告知当事人权利的相关情况　写明送达"行政处罚事先（听证）告知书"的时间、发文字号，并简要叙述当事人陈述申辩或者听证过程、结论，行政机关是否采纳当事人意见的情况及理由。当事人放弃陈述、申辩的，也予以说明。

（7）裁量依据　说明作出从重、从轻、减轻或其他有裁量幅度的法定理由和依据。

（8）按日连续处罚的适用范围　依据《中华人民共和国环境保护法》第五十九条规定，企业事业单位和其他生产经营者违法排放污染物，受到罚款处罚，被责令改正，拒不改正的，依法作出处罚决定的行政机关可以自责令改正之日的次日起，按照原处罚数额按日连续处罚。

（9）处罚的信息　按日连续处罚的计罚日数。按日连续处罚的计罚日数为责令改正违法行为决定书送达排污者之日的次日起，至生态环境主管部门复查发现违法排放污染物行为之日止。再次复查仍拒不改正的，计罚日数累计执行。

按日连续处罚的数额。按日连续处罚每日的罚款数额，为原处罚决定书确定的罚款数额。按照按日连续处罚规则决定的罚款数额，为原处罚决定书确定的罚款数额乘以计罚日数。

（10）救济途径和期限　如当事人对按日连续处罚决定书不服，自收到决定书之日起六十日内，可以选择向该部门的本级人民政府申请行政复议，也可以选择向上一级生态环境主管部门提起行政复议；或者当事人可以自收到决定书之日起六个月内向作出行政行为的行政机关所在地人民法院提起行政诉讼。行政复议和行政诉讼是两种最常用的救济自己权利的途径。

（11）履行的要求　不履行处罚决定的法律后果，如"逾期不申请行政复议，不提起行政诉讼，又不履行本处罚决定的，我局将依法申请人民法院强制执行。"

4. 尾部

（1）加盖文书制作单位的印章。

（2）注明文书制作的年、月、日。

三、 按日连续处罚决定书的文书样式

见样式 17。

═══ 文书十八 ═══
查封（扣押）决定书

一、 文书制作的基本知识

1. 查封(扣押)决定书的适用范围

（1）生态环境主管部门外部文书，送达当事人。

（2）含两种文书：一是"查封决定书"，适用于决定对涉案设施、设备予以查封；二是"扣押决定书"，适用于决定对涉案设施、设备予以扣押。

2. 实施查封、扣押的情形

根据《环境保护主管部门实施查封、扣押办法》第四条规定，环境保护主管部门可以对排污者的下列行为查封、扣押：

（1）违法排放、倾倒或者处置含传染病病原体的废物、危险废物、含重金属

样式17

×××生态环境厅(局)
按日连续处罚决定书

_____环连罚〔 〕 号

(当事人名称或者姓名, 与营业执照、居民身份证一致):
营业执照注册号(居民身份证号码): _____ 组织机构代码: _____
社会信用代码: _____
地址: _____ 法定代表人(负责人): _____

我厅(局)于 _____ 年 _____ 月 _____ 日对你(单位)进行了调查, 发现你(单位)实施了以下环境违法行为:

(陈述违法事实, 如违法行为发生的时间、地点、情节、动机、危害、后果等内容)。

以上事实, 有(列举证据形式, 阐述证据所要证明的内容)等证据为凭。

你(单位)的上述行为违反了(相关法律、法规、规章名称及条款序号)的规定。

我厅(局)于 _____ 年 _____ 月 _____ 日向你(单位)送达了"责令改正违法行为决定书"(××环责改〔 〕×号)。 _____ 年 _____ 月 _____ 日, 我厅(局)对你(单位)送达了"行政处罚决定书"(××环罚〔 〕×号)罚款 _____ 元。

_____ 年 _____ 月 _____ 日, 我厅(局)对你(单位)组织复查中发现: (拒不改正的违法事实)。

以上事实, 有(列举证据形式, 阐述证据所要证明的内容)等证据为证。

你(单位)的上述行为违反了(相关法律、法规、规章名称及条款序号)的规定。

我厅(局)于 _____ 年 _____ 月 _____ 日以"行政处罚事先(听证)告知书"(××罚告〔 〕×号)告知你(单位)陈述申辩权(听证申请权)。 _____ 年 _____ 月 _____ 日, (叙述陈述申辩及听证过程、当事人意见理由及证据、生态环境主管部门采纳当事人意见的情况及理由。有从重、从轻、减轻或其他有裁量幅度的, 说明法定理由和依据。)

依据《中华人民共和国行政处罚法》第二十三条和《中华人民共和国环境

保护法》第五十九条的规定，经研究，我厅（局）决定对你（单位）自＿＿＿＿年＿＿＿＿月＿＿＿＿日起至＿＿＿＿年＿＿＿＿月＿＿＿＿日止实施按日连续处罚：

罚款（大写）＿＿＿＿＿＿＿＿＿＿＿＿＿元。

罚款限于接到本处罚决定之日起 15 日内缴至指定银行和账号。逾期不缴纳罚款的，我厅(局)可以依据《中华人民共和国行政处罚法》第五十一条第一项的规定，每日按罚款数额的 3% 加处罚款。

收款银行：＿＿＿＿＿＿＿＿＿＿＿户名：＿＿＿＿＿＿＿＿＿＿

账号：＿＿＿＿＿＿＿＿＿＿＿＿＿＿＿＿＿＿

如你单位不服本决定，可在收到本决定书之日起六十日内向×××生态环境厅(局)或者向×××人民政府申请复议，也可在六个月内向×××人民法院提起行政诉讼。申请行政复议或者提起行政诉讼，不停止行政处罚决定的执行。

逾期不申请行政复议，不提起行政诉讼，又不履行本处罚决定的，我厅(局)将依法申请人民法院强制执行。

×××生态环境厅(局)(印章)

年　月　日

污染物或者持久性有机污染物等有毒物质或者其他有害物质的；

（2）在饮用水水源一级保护区、自然保护区核心区违反法律法规规定排放、倾倒、处置污染物的；

（3）违反法律法规规定排放、倾倒化工、制药、石化、印染、电镀、造纸、制革等工业污泥的；

（4）法律、法规规定的其他造成或者可能造成严重污染的违法排污行为。

环境保护主管部门应当对排污者的下列行为实施查封、扣押：

（1）通过暗管、渗井、渗坑、灌注或者篡改、伪造监测数据，或者不正常运行防治污染设施等逃避监管的方式违反法律法规规定排放污染物的；

（2）较大、重大和特别重大突发环境事件发生后，未按照要求执行停产、停排措施，继续违反法律法规规定排放污染物的。

3. 不予实施查封、扣押的情形

根据《环境保护主管部门实施查封、扣押办法》第六条规定，具备下列情形之一的排污者，造成或者可能造成严重污染的，环境保护主管部门应当按照有关环境保护法律法规予以处罚，可以不予实施查封、扣押：

（1）城镇污水处理、垃圾处理、危险废物处置等公共设施的运营单位；

（2）生产经营业务涉及基本民生、公共利益的；

（3）实施查封、扣押可能影响生产安全的。

4. 实施查封、扣押的要求

（1）由两名以上具有行政执法资格的环境行政执法人员实施，并出示执法身份证件。

（2）通知排污者的负责人或者受委托人到场，当场告知实施查封、扣押的依据以及依法享有的权利、救济途径，并听取其陈述和申辩。

（3）制作现场笔录，必要时可以进行现场拍摄。现场笔录的内容应当包括查封、扣押实施的起止时间和地点等。

（4）当场清点并制作查封、扣押设施、设备清单，由排污者和生态环境主管部门分别收执。若委托第三人保管的，应同时交第三人收执。执法人员可以对上述过程进行现场拍摄。

（5）现场笔录和查封、扣押设施、设备清单由排污者和执法人员签名或者盖章。

（6）张贴封条或者采取其他方式，明示生态环境主管部门已实施查封、扣押。

（7）情况紧急，需要当场实施查封、扣押的，应当在实施后 24 小时内补办批准手续。生态环境主管部门负责人认为不需要实施查封、扣押的，应当立即解除。

二、查封(扣押)决定书的主要内容

1. 首部

在文书正上方居中写明文书制作单位名称、制作的文书名。

文书居右按照要求写明环境保护法律文书发文字号。文字号由四个部分组成:一是把单位名称中具有代表意义的两个字作制文单位简称;二是将制作的文书名称中具有代表意义的字作文书名称简称,如本文书查封决定书简称为"查",扣押决定书简称为"扣";三是制文年代用六角括号括起来,如〔2019〕;四是该类文书年度内制文排列序号。

2. 基本信息

当事人为法人或组织的,写明单位名称、地址、营业执照注册号、组织机构代码、法定代表人(负责人)姓名。以上信息应当与营业执照保持一致,但对于已经实行了"三码合一"的法人或组织填写社会信用代码,不再填写营业执照注册号、组织机构代码。

当事人为公民或者个体工商户、个人合伙的,注明姓名(营业执照中有经营字号的应注明登记字号)、居民身份证号码、住址,相关信息与居民身份证、营业执照一致。无营业执照的填写实际地址。

3. 正文

(1)调查的基本信息　文书中应当写明调查机构的名称、调查时间。

写明调查了解到的违法行为信息,包括时间、地点、行为、情节、动机、危害、后果等。

证明以上违法行为的证据信息,包括证据名称、提取(作出)时间、提供(作出)单位、证明内容等。

(2)违反的法律、法规、规章的依据　写明实施查封(扣押)的法律、法规、规章依据和法定事由。引用法律、法规、规章时名称用全称,引用法律条文要写明完整的条款序号。

(3)查封(扣押)的信息　写明查封(扣押)的信息,包括期限、场所、存放地点、涉案物品名称、数量等。

期限:查封、扣押的期限不得超过三十日;情况复杂的,经同级生态环境主管部门负责人批准可以延长,但延长期限不得超过三十日。法律、法规另有规定的除外。

(4)义务告知　告知当事人应遵守的义务,要求当事人不得擅自损毁封条、变更查封状态或者启用已查封的设施、设备。

排污者阻碍执法、擅自损毁封条、变更查封状态或者隐藏、转移、变卖、启用已查封的设施、设备的,生态环境主管部门应当依据《中华人民共和国治安管理处罚法》等法律法规及时提请公安机关依法处理。

对扣押的设施、设备,生态环境主管部门应当妥善保管,也可以委托第三人保管。扣押期间设施、设备的保管费用由生态环境主管部门承担。

(5)救济途径和期限　如当事人对查封(扣押)决定书不服,可以自收到决定书之日起六十日内,选择向该部门的同级人民政府申请行政复议,也可以选择向上一级生态环境主管部门提起行政复议;或者当事人可以自收到决定书之日起六个月内向作出行政行为的行政机关所在地人民法院提起行政诉讼。行政复议和行政诉讼是两种最常用的救济自己权利的途径。

4. 尾部

(1)加盖文书制作单位的印章。

(2)注明文书制作的年、月、日。

三、查封(扣押)决定书的文书样式

见样式 18。

═══ 文书十九 ═══
查封、扣押清单

一、 文书制作的基本知识

1. 查封、 扣押清单的适用范围

(1) 生态环境主管部门外部文书,送达当事人。

(2) 本清单随"查封(扣押)决定书"一同下达。

2. 保管费用

对扣押的设施、设备,生态环境主管部门应当妥善保管,也可以委托第三人保管。扣押期间设施、设备的保管费用由生态环境主管部门承担。

样式18

×××生态环境厅（局）
查封（扣押）决定书

_____ 环查（扣）〔 〕 号

（当事人名称或者姓名，与营业执照、居民身份证一致）：
营业执照注册号（居民身份证号码）：_____组织机构代码：_____
社会信用代码：_____
地址：_____法定代表人（负责人）：_____

我厅（局）于 ___年_____月_____日对你（单位）进行了调查，发现你（单位）实施了以下环境违法行为：

（陈述违法事实，如违法行为发生的时间、地点、行为、情节、动机、危害后果等内容）

以上事实，有（列举证据形式，阐述证据所要证明的内容）等证据为凭。

本机关认为你（单位）的上述行为违反了（相关法律、法规、规章名称及条款序号）的规定。

依据（相关法律、法规、规章名称及条款序号）的规定，本机关决定对你（单位）（涉案物品场所设施、设备名称、数量）予以查封（扣押）。查封（扣押）期限为_____日（时间从_____年_____月_____日起至_____年_____月_____日止）；查封（扣押）期限不包括检测或技术鉴定的时间。查封（扣押）设施、设备存放于（地址），在此期间，你（单位）不得擅自损毁封条、变更查封状态或者启用已查封的设施、设备。

如你（单位）对本行政强制措施不服，可以在收到本决定书之日起六十日内向×××人民政府或者×××生态环境厅（局）申请行政复议，也可以在收到本决定书之日起六个月内向×××人民法院提起行政诉讼。申请行政复议或者提起行政诉讼，不停止本决定的执行。

×××生态环境厅（局）（印章）
年 月 日

3. 制作事项

文书一式两份，被执行人和行政执法机关各存一份。如委托第三人保管的，应同时交第三人收执。

二、 查封、扣押清单的主要内容

1. 首部

在文书正上方居中写明文书制作单位名称、制作的文书名称。

2. 正文

（1） 当事人信息。写明被查封、扣押单位的名称信息。

（2） 查封物品的信息。涉案查封（扣押）物品的名称、数量、型号及特征、生产厂家、生产日期以及涉案物品查封、扣押的场所和存放地点。

3. 落款签名

执法人员签名，并注明执法证骗号、日期。

当事人以及见证人的签名及日期。当事人不在场的，可由其他人代签，但必须注明与当事人的关系；当事人拒绝签字的，环境行政执法人员应当予以注明，并可以邀请见证人到场，由见证人和环境行政执法人员签名或者盖章。

三、 查封、 扣押清单的文书样式

见样式 19。

═══ 文书二十 ═══
解除查封（扣押） 决定书

一、 文书制作的基本知识

1. 解除查封（扣押） 决定书的适用范围

（1） 生态环境主管部门外部文书，送达当事人。

样式19

×××生态环境厅（局）
查封、扣押清单

被查封、扣押单位名称：

名称	数量	型号及特征	生产厂家	生产日期	存放地点

被查封人签名：＿＿＿＿＿＿＿＿＿ ＿＿＿＿年＿＿＿月＿＿＿日

执法人员姓名及执法证号：＿＿＿＿＿＿ ＿＿＿＿年＿＿＿月＿＿＿日

执法人员姓名及执法证号：＿＿＿＿＿＿ ＿＿＿＿年＿＿＿月＿＿＿日

见证人签名：＿＿＿＿＿＿＿＿＿＿＿ ＿＿＿＿年＿＿＿月＿＿＿日

注：本清单一式两份，被执行人和行政执法机关各存一份。如委托第三人保管的，应同时交第三人收执。

（2）包含两种文书：一是"解除查封决定书"，适用于对已经实施查封措施的涉案设施、设备予以解除查封措施；二是"解除扣押决定书"，适用于对已经实施暂扣措施的涉案设施、设备予以解除扣押措施。

2. 解除查封、扣押决定的情形

有下列情形之一的，行政机关应当及时作出解除查封、扣押决定：

（1）当事人没有违法行为；

（2）查封、扣押的场所、设施或者财物与违法行为无关；

（3）对违反法律法规规定排放污染物行为已经作出行政处罚或者处理决定，不再需要实施查封、扣押的；

（4）查封、扣押期限已经届满的；

（5）其他不再需要实施查封、扣押的情形。

3. 文书程序

生态环境主管部门应当自收到解除查封、扣押申请之日起 5 个工作日内，组织核查，并根据核查结果作出解除或维持决定。

查封、扣押措施被解除的，生态环境主管部门应当立即通知排污者，并自解除查封、扣押决定作出之日起 3 个工作日内送达解除决定。扣押措施被解除的，还应当通知排污者领回扣押物；无法通知的，应当进行公告，排污者应当自招领公告发布之日起 60 日内领回；逾期未领回的，所造成的损失由排污者自行承担。

4. 制作事项

本文书一份送达当事人（使用送达回证），一份随卷归档（附送达回证）。

二、 解除查封(扣押)决定书的主要内容

1. 首部

在文书正上方居中写明文书制作单位名称、制作的文书名称。

文书居右按照要求写明环境保护法律文书发文字号。文字号由四个部分组成：一是把单位名称中具有代表意义的两个字作制文单位简称；二是将制作的文书名称中具有代表意义的字作文书名称简称，如本文书解除查封决定书简称为"解查"，解除扣押决定书简称为"解扣"；三是制文年代用六角括号括起来，如〔2019〕；四是该类文书年度内制文排列序号。

2. 正文

（1）当事人名称或姓名　当事人名称或姓名与营业执照、居民身份证保持一致。

（2）查封（扣押）决定书的基本信息　本文书需要写明相关的查封（扣押）决定书的文书名称、文号、出具时间，简要叙述环境违法行为以及解除查封（扣押）的简要事由。

（3）解除查封（扣押）的基本情况　写明解除查封（扣押）措施的日期，当初实施查封（扣押）设施、设备的存放地点和概况以及解除查封（扣押）设施、设备的清单。

3. 尾部

（1）解除查封（扣押）措施的决定，应当由当初作出查封（扣押）决定书的生态环境主管部门作出。加盖文书制作单位的印章。

（2）注明文书制作的年、月、日。

三、 解除查封(扣押)决定书的文书样式

见样式 20。

═══ 文书二十一 ═══
涉嫌环境违法适用行政拘留处罚案件移送书

一、 文书制作的基本知识

1. 涉嫌环境违法适用行政拘留处罚案件移送书的适用范围

（1）生态环境主管部门外部文书，送达公安机关。

（2）适用于环境违法行为尚不构成犯罪，依法作出行政处罚决定后，仍需要移送公安机关处以行政拘留的案件。

2. 移送依据

根据《中华人民共和国环境保护法》第六十三条规定，企业事业单位和其他生产经营者有下列行为之一，尚不构成犯罪的，除依照有关法律法规规定予以处罚外，由县级以上人民政府环境保护主管部门或者其他有关部门将案件移送公安机关：

样式20

×××生态环境厅（局）
解除查封（扣押）决定书

_____ 环解查（扣）〔 〕 号

（当事人名称或者姓名，与营业执照、居民身份证一致）：

我厅（局）于 _____ 年 _____ 月 _____ 日依法对你（单位）（简述环境违法行为）作出查封（扣押）决定书［环解查(扣)〔 〕号］，因解除查封（扣押）理由，现根据《中华人民共和国行政强制法》第二十八条第一款的规定，经研究，现依法决定解除查封（扣押）。

扣押决定应注明：请你（单位）于 _____ 年 _____ 月 _____ 日前凭本决定书以及"查封（扣押）清单"到（物品存放地点）领取被扣押物品。逾期不领取的，我厅（局）将依照有关规定予以处理。

×××生态环境厅（局）（印章）

年　月　日

（1）建设项目未依法进行环境影响评价，被责令停止建设，拒不执行的；

（2）违反法律规定，未取得排污许可证排放污染物，被责令停止排污，拒不执行的；

（3）通过暗管、渗井、渗坑、灌注或者篡改、伪造监测数据，或者不正常运行防治污染设施等逃避监管的方式违法排放污染物的；

（4）生产、使用国家明令禁止生产、使用的农药，被责令改正，拒不改正的。

3. 移送材料

案件移送部门应当在作出移送决定后 3 个工作日内将案件移送书和案件相关材料移送至同级公安机关。

案件移送部门向公安机关移送的案卷材料应当为原件，移送前应当将案卷材料复印备查。

移送材料应包括：案件移送书、案件调查报告、涉案证据材料、涉案物品清单、行政执法部门的处罚决定等相关材料。

二、 涉嫌环境违法适用行政拘留处罚案件移送书的主要内容

1. 首部

在文书正上方居中写明文书制作单位名称、制作的文书名称。

2. 正文

（1）案由　案件的名称，是指查处的具体案件的当事人被查处的具体违法行为。案由的书写有严格的形式要求，涉嫌环境违法适用行政拘留处罚案件移送书中的案由书写形式可统一表达为："涉嫌＋具体违法行为类别＋案"。书写案由的关键是确定违法行为和违法行为种类，案由中的违法行为应当从法律条文中予以提取并归纳。

（2）当事人信息　当事人为企业法人或其他经营者的，写明企业名称、地址、邮政编码、组织机构代码，法定代表人姓名、有效证件及号码、联系电话，企业主要负责人姓名、有效证件及号码、联系电话。以上信息应当与营业执照保持一致，但对于已经实行了"三码合一"的法人或组织填写社会信用代码，不再填写营业执照注册号、组织机构代码。

写明调查人员的基本信息，明确承办部门。

（3）简要案情　载明简要案情，包括违法行为发生的时间、地点、案发经过、案件性质、进展情况等简要的基本情况介绍。

（4）移送依据　《中华人民共和国环境保护法》第六十三条以及《行政主管

部门移送适用行政拘留环境违法案件暂行办法》作为移送依据。

（5）移送建议　写明是否建议移送。

（6）签名、盖章　要求经办人签名并注明执法证编号。加盖生态环境主管部门印章、注明作出决定的日期。

三、 涉嫌环境违法适用行政拘留处罚案件移送书的文书样式

见样式 21。

══ 文书二十二 ══
责令停产整治决定书

一、 文书制作的基本知识

1. 责令停产整治决定书的适用范围

① 生态环境主管部门外部文书，送达当事人。

② 适用于对超标超总量的违法行为作出停产整治决定的情况。

2. 采取停产整治措施的情形

《中华人民共和国环境保护法》第六十条的规定，企业事业单位和其他生产经营者超过污染物排放标准或者超过重点污染物排放总量控制指标排放污染物的，可以责令其采取停产整治的措施。

同时《环境保护主管部门实施限制生产、停产整治办法》第六条规定，排污者有下列情形之一的，环境保护主管部门可以责令其采取停产整治措施：

① 通过暗管、渗井、渗坑、灌注或者篡改、伪造监测数据，或者不正常运行防治污染设施等逃避监管的方式排放污染物，超过污染物排放标准的；

② 非法排放含重金属、持久性有机污染物等严重危害环境、损害人体健康的污染物超过污染物排放标准 3 倍以上的；

③ 超过重点污染物排放总量年度控制指标排放污染物的；

×××生态环境厅（局）
涉嫌环境违法适用行政拘留处罚案件移送书

案由			
企业名称 或其他经营者		组织机构代码 （或者社会信用代码）	
地址		邮政编码	
法定代表人 或负责人	有效证件 及号码	联系电话	
企业主要 负责人	有效证件 及号码	联系电话	
调查人员		承办部门	
简要案情			
移送依据	《中华人民共和国环境保护法》第六十三条； 《行政主管部门移送适用行政拘留环境违法案件暂行办法》		
移送建议			

经办人（执法证编号）：

年　月　日

（行政机关公章）

④ 被责令限制生产后仍然超过污染物排放标准排放污染物的；

⑤ 因突发事件造成污染物排放超过排放标准或者重点污染物排放总量控制指标的；

⑥ 法律、法规规定的其他情形。

3. 不予实施停产整治的情形

《生态保护主管部门实施限制生产、停产整治办法》第七条规定，具备下列情形之一的排污者，超过污染物排放标准或者超过重点污染物排放总量控制指标排放污染物的，环境保护主管部门应当按照有关环境保护法律法规予以处罚，可以不予实施停产整治：

① 城镇污水处理、垃圾处理、危险废物处置等公共设施的运营单位；

② 生产经营业务涉及基本民生、公共利益的；

③ 实施停产整治可能影响生产安全的。

4. 期限

停产整治的期限：自责令停产整治决定书送达排污者之日起，至停产整治决定解除之日止。

生态环境主管部门应当自作出停产整治决定之日起 7 个工作日内将决定书送达排污者。

5. 制作事项

生态环境主管部门可以单独制作责令停产整治决定书，也可以在行政处罚决定书中载明要求。

此文书一式两份，一份交于当事人，一份随卷归档。随卷时应附内部审批表和送达回证。

二、 责令停产整治决定书的主要内容

1. 首部

在文书正上方居中写明文书制作单位名称、制作的文书名称。

文书居右按照要求写明环境保护法律文书发文字号。文字号由四个部分组成：一是把单位名称中具有代表意义的两个字作制文单位简称；二是将制作的文书名称中具有代表意义的字作文书名称简称，如本文书责令停产整治决定书简称为"责停"；三是制文年代用六角括号括起来，如〔2019〕；四是该类文书年度内制文排列序号。

2. 基本信息

当事人为法人或组织的，写明单位名称、地址、营业执照注册号、组织机构

代码、法定代表人（负责人）姓名。以上信息应当与营业执照保持一致，但对于已经实行了"三码合一"的法人或组织填写社会信用代码，不再填写营业执照注册号、组织机构代码。

当事人为公民或者个体工商户、个人合伙的，注明姓名（营业执照中有经营字号的应注明登记字号）、居民身份证号码、住址，相关信息与居民身份证、营业执照一致。无营业执照的填写实际地址。

3. 正文

（1）调查的基本信息　文书中应当写明调查机构的名称、调查时间。

写明调查了解到的违法行为信息，包括时间、地点、行为、情节、动机、危害、后果等。

证明以上违法行为的证据信息，包括证据名称、提取（作出）时间、提供（作出）单位、证明内容等。

（2）责令停产整治的法律、法规、规章依据　写明责令停产整治的法律、法规、规章依据和法定事由。《中华人民共和国环境保护法》第六十条以及《环境保护主管部门实施限制生产、停产整治办法》第六条的规定。

（3）责令停产整治的方式　文书中写明具体改正的方式，具体包括停止生产、制定整治方案、实施整改等。

（4）解除停产整治措施的程序　收到决定书后当事人应当立即整改，并在15个工作日内将整改方案备案并向社会公开。

排污者完成整改任务后，应当在15个工作日内将整改任务完成情况和整改信息社会公开情况，报作出停产整治决定的环境保护主管部门备案，并提交监测报告以及整改期间生产用电量、用水量、主要产品产量与整改前的对比情况等材料。停产整治决定自排污者报生态环境主管部门备案之日起解除。

（5）救济途径和期限　如当事人对责令停产整治决定书不服，可以自收到决定书之日起六十日内，选择向该部门的同级人民政府申请行政复议，也可以选择向上一级生态环境主管部门提起行政复议；或者当事人可以自收到决定书之日起六个月内向作出行政行为的行政机关所在地人民法院提起行政诉讼。行政复议和行政诉讼是两种最常用的救济自己权利的途径。

4. 尾部

（1）加盖文书制作单位的印章。

（2）注明文书制作的年、月、日。

三、 责令停产整治决定书的文书样式

见样式22。

×××生态环境厅（局）
责令停产整治决定书

＿＿＿＿＿＿ 环责停〔　〕　号

（当事人名称或者姓名，与营业执照、居民身份证一致）：

营业执照注册号（居民身份证号码）：＿＿＿＿＿＿　组织机构代码：＿＿＿＿＿

社会信用代码：＿＿＿＿＿＿＿＿＿＿＿＿＿

地址：＿＿＿＿＿＿＿＿＿＿　法定代表人（负责人）：＿＿＿＿＿＿＿

我厅（局）于＿＿＿＿年＿＿＿＿月＿＿＿＿日对你（单位）进行了调查，发现你（单位）实施了以下环境违法行为：

（陈述违法事实，如违法行为发生的时间、地点、行为、情节、动机、危害、后果等内容）

以上事实，有（列举证据形式，阐述证据所要证明的内容）等证据为凭。

依据《中华人民共和国环境保护法》第六十条的规定，本机关决定责令你（单位）停产整治。改正方式包括：＿＿＿＿＿＿＿＿＿＿＿＿＿。

你（单位）应当在收到本决定书后立即整改，在十五个工作日内将整改方案报我厅（局）备案并向社会公开。

你（单位）完成整改任务后，应当在十五个工作日内将整改任务完成情况和整改信息社会公开情况，报我厅（局）备案，并提交监测报告以及整改期间生产用电量、用水量、主要产品产量与整改前的对比情况等材料。停产整治决定自报我厅（局）备案之日起解除。

我厅（局）将依法对你（单位）履行停产整治措施的情况实施后督察，并依法作出处理或处罚。

如你（单位）对本决定不服，可以在收到本决定书之日起六十日内向×××人民政府或者×××生态环境厅（局）申请行政复议，也可以在收到本决定书之日起六个月内向×××人民法院提起行政诉讼。

×××生态环境厅（局）（印章）

年　月　日

文书二十三
责令限制生产决定书

一、 文书制作的基本知识

1. 责令限制生产决定书的适用范围

（1）生态环境主管部门外部文书，送达当事人。

（2）适用于对超标超总量的违法行为作出限制生产决定。

2. 责令限制生产的情形

依据《中华人民共和国环境保护法》第六十条的规定，企业事业单位和其他生产经营者超过污染物排放标准或者超过重点污染物排放总量控制指标排放污染物的，可以责令其采取限制生产。

《环境保护主管部门实施限制生产、停产整治办法》第五条规定，排污者超过污染物排放标准或者超过重点污染物日最高允许排放总量控制指标的，环境保护主管部门可以责令其采取限制生产措施。

3. 期限

限制生产的期限：一般不超过 3 个月；情况复杂的，经同级生态环境主管部门负责人批准，可以延长，但延长期限不得超过 3 个月。

生态环境主管部门应当自作出限制生产决定之日起 7 个工作日内将决定书送达排污者。

4. 制作事项

生态环境主管部门可以单独制作责令限制生产决定书，也可以在行政处罚决定书中载明要求。

此文书一式两份，一份交于当事人，一份随卷归档。随卷时应附内部审批表和送达回证。

二、 责令限制生产决定书的主要内容

1. 首部

在文书正上方居中写明文书制作单位名称、制作的文书名称。

文书居右按照要求写明环境保护法律文书发文字号。文字号由四个部分组成：一是把单位名称中具有代表意义的两个字作制文单位简称；二是将制作的文书名称中具有代表意义的字作文书名称简称，如本文书责令限制生产决定书简称为"责限"；三是制文年代用六角括号括起来，如〔2019〕；四是该类文书年度内制文排列序号。

2. 基本信息

当事人为法人或组织的，写明单位名称、地址、营业执照注册号、组织机构代码、法定代表人（负责人）姓名及职务。以上信息应当与营业执照保持一致，但对于已经实行了"三码合一"的法人或组织填写社会信用代码，不再填写营业执照注册号、组织机构代码。

当事人为公民或者个体工商户、个人合伙的，注明姓名（营业执照中有经营字号的应注明登记字号）、居民身份证号码、住址，相关信息与居民身份证、营业执照一致。无营业执照的填写实际地址。

3. 正文

（1）调查的基本信息　文书中应当写明调查机构的名称、调查时间。

写明调查了解到的违法行为信息，包括时间、地点、行为、情节、动机、危害、后果等。

证明以上违法行为的证据信息，包括证据名称、提取（作出）时间、提供（作出）单位、证明内容等。

（2）责令限制生产的法律、法规、规章依据　写明责令限制生产的法律、法规、规章依据和法定事由。如《中华人民共和国环境保护法》第六十条及《环境保护主管部门实施限制生产、停产整治办法》第五条的规定。

（3）责令限制生产的期限　明确写明限制生产的起止期限，限制生产一般不超过3个月；情况复杂的，经同级生态环境主管部门负责人批准，可以延长，但延长期限不得超过3个月。

（4）责令改正的方式　文书中写明具体整治方式，具体包括制定整治方案、实施整改、自行或委托监测等改正方式等。

（5）解除限制生产措施的程序　收到决定书后当事人应当立即整改，并在15个工作日内将整改方案备案并向社会公开。整改期间不得超过污染物排放标准或者重点污染物日最高允许排放总量控制指标排放污染物，并按照环境监测技术规范进行监测或者委托有条件的环境监测机构开展监测，保存监测记录。

完成整改任务后，应当在15个工作日内将整改任务完成情况和整改信息社会公开情况备案，并提交监测报告以及整改期间生产用电量、用水量、主要产品产量与整改前的对比情况等材料。停产整治决定自备案之日起解除。

（6）救济途径和期限　如当事人对责令限制生产决定书不服，可以自收到决定书之日起六十日内，选择向该部门的同级人民政府申请行政复议，也可以选择向上一级生态环境主管部门提起行政复议；或者当事人可以自收到决定书之日起六个月内向作出行政行为的行政机关所在地人民法院提起行政诉讼。行政复议和行政诉讼是两种最常用的救济自己权利的途径。

4. 尾部

（1）加盖文书制作单位的印章。

（2）注明文书制作的年、月、日。

三、 责令限制生产决定书的文书样式

见样式 23。

— 文书二十四 —
督促履行义务催告书

一、 文书制作的基本知识

1. 督促履行义务催告书的适用范围

（1）生态环境主管部门外部文书，送达当事人。

（2）适用于对当事人不履行行政决定的催告。

2. 催告载明事项

《中华人民共和国行政强制法》第三十五条规定，行政机关作出强制执行决定前，应当事先催告当事人履行义务。催告应当以书面形式作出，并载明下列事项：①履行义务的期限；②履行义务的方式；③涉及金钱给付的，应当有明确的金额和给付方式；④当事人依法享有的陈述权和申辩权。

样式23

×××生态环境厅（局）
责令限制生产决定书

_____ 环责限〔 〕 号

（当事人名称或者姓名，与营业执照、居民身份证一致）：
营业执照注册号（居民身份证号码）：_____组织机构代码证：_____
社会信用代码：_____
地址：_____ 法定代表人（负责人）：_____

我厅（局）于_____年_____月_____日对你（单位）进行了调查，发现你（单位）实施了以下环境违法行为：

（陈述违法事实，如违法行为发生的时间、地点、行为、情节、动机、危害、后果等内容）

以上事实，有（列举证据形式，阐述证据所要证明的内容）等证据为凭。

依据《中华人民共和国环境保护法》第六十条的规定，我机关决定责令你（单位）自_____年_____月_____日起至_____年_____月_____日止限制生产。改正方式包括：（制定整治方案、实施整改、自行或委托监测等）。

你（单位）应当在收到本决定书后立即整改，并在十五个工作日内将整改方案报我厅（局）备案并向社会公开。整改期间不得超过污染物排放标准或者重点污染物日最高允许排放总量控制指标排放污染物，并按照环境监测技术规范进行监测或者委托有条件的环境监测机构开展监测，保存监测记录。

你（单位）完成整改任务后，应当在十五个工作日内将整改任务完成情况和整改信息社会公开情况，报我厅（局）备案，并提交监测报告以及整改期间生产用电量、用水量、主要产品产量与整改前的对比情况等材料。限制生产决定自报我厅（局）备案之日起解除。

我厅（局）将依法对你（单位）履行限制生产措施的情况实施后督察，并依法作出处理或处罚。

如你（单位）对本决定不服，可以在收到本决定书之日起六十日内向×××人民政府或者×××生态环境厅（局）申请行政复议，也可以在收到本决定书之日起六个月内向×××人民法院提起行政诉讼。

×××生态环境厅（局）（印章）
年 月 日

3. 存档事项

文书一式两份，一份送达当事人，一份随卷归档。

二、 督促履行义务催告书的主要内容

1. 首部

在文书正上方居中写明文书制作单位名称、制作的文书名称。

文书居右按照要求写明环境保护法律文书发文字号。文字号由四个部分组成：一是把单位名称中具有代表意义的两个字作制文单位简称；二是将制作的文书名称中具有代表意义的字作文书名称简称，如本文书督促履行义务催告书简称为"催"；三是制文年代用六角括号括起来，如〔2019〕；四是该类文书年度内制文排列序号。

2. 基本信息

当事人为法人或组织的，写明单位名称、地址、营业执照注册号、组织机构代码、法定代表人（负责人）姓名。以上信息应当与营业执照保持一致，但对于已经实行了"三码合一"的法人或组织填写社会信用代码，不再填写营业执照注册号、组织机构代码。

当事人为公民或者个体工商户、个人合伙的，注明姓名（营业执照中有经营字号的应注明登记字号）、居民身份证号码、住址，相关信息与居民身份证、营业执照一致。无营业执照的填写实际地址。

3. 正文

（1）违法的基本情况　简要叙述环境违法行为，以及该行为违反的法律、法规、规章的名称及条款，作出行政处罚的理由和依据。

（2）已经作出的决定文书　申请执行行政处罚决定的，写明作出行政处罚决定的日期、文号和行政处罚内容。

申请执行责令改正决定的，写明作出责令改正决定的日期、文号和行政命令内容。

（3）督促的具体内容　催告当事人应履行的义务和期限，以及不按期限履行义务的后果。根据《中华人民共和国行政强制法》第五十四条规定，行政机关申请人民法院强制执行前，应当催告当事人履行义务。催告书送达 10 日后当事人仍未履行义务的，行政机关可以向所在地有管辖权的人民法院申请强制执行；执行对象是不动产的，向不动产所在地有管辖权的人民法院申请强制执行。催告当事人履行义务是行政机关申请法院强制执行之前必须履行的一项法定程序。

（4）权利的告知　行政机关应当告知当事人享有陈述、申辩的权利。

（5）逾期不履行的后果　逾期仍不履行义务的，依法向法院申请强制执行。

（6）联系人的基本信息　文书中应当告知联系人员的基本信息，如电话、地址、邮政编码。

4. 尾部

（1）加盖文书制作单位的印章。

（2）注明文书制作的年、月、日。

三、 督促履行义务催告书的文书样式

见样式 24。

═══ 文书二十五 ═══
行政处罚强制执行申请书

一、 文书制作的基本知识

1. 行政处罚强制执行申请书的适用范围

（1）生态环境主管部门外部文书，送达人民法院。

（2）适用于在当事人不履行"行政处罚决定书"或者"当场行政处罚决定书"或者"责令改正违法行为决定书"等行政决定载明法定义务，向人民法院申请强制执行。

2. 申请强制执行的依据

根据《中华人民共和国行政强制法》第五十三条规定，当事人在法定期限内不申请行政复议或者提起行政诉讼，又不履行行政决定的，没有行政强制执行权的行政机关可以自期限届满之日起 3 个月内，依照规定申请人民法院强制执行。同时《中华人民共和国行政处罚法》第五十一条规定，当事人逾期不履行行政处罚决定的，作出行政处罚决定的行政机关可以采取下列措施：

① 到期不缴纳罚款的，每日按罚款数额的百分之三加处罚款；

② 根据法律规定，将查封、扣押的财物拍卖或者将冻结的存款划拨抵缴罚款；

×××生态环境厅（局）
督促履行义务催告书

_____ 环催〔 〕号

（当事人名称或者姓名， 与营业执照、 居民身份证一致）：

营业执照注册号（居民身份证号码）： _____

组织机构代码： _____

社会信用代码： _____

地址： _____ 法定代表人（负责人）： _____

　　你(单位)(简述环境违法行为)的行为，违反了(相关法律、法规、规章名称及条款序号)的规定。 依据(相关法律、法规、规章名称及条款序号)的规定，我厅(局)已于 _____ 年 _____ 月 _____ 日作出行政处罚决定书(_____ 环罚〔 〕号)(对于申请执行责令改正决定的适用：作出责令改正违法行为决定书(_____ 环改〔 〕号)，对你(单位)作出 _____ 的行政处罚(行政命令)。

　　你(单位)于 _____ 年 _____ 月 _____ 日收到上述决定书后，未履行 _____ 的决定，在法定期限内未申请行政复议或者提起行政诉讼。我厅(局)依据《中华人民共和国行政强制法》第五十四条的规定，责令你(单位)在接到本催告书后 10 日内履行行政处罚决定书(责令改正违法行为决定书)确定的下列义务：

　　1. _____；

　　2. _____。

　　你(单位)享有陈述、申辩的权利。逾期仍不履行义务的，我厅(局)将依法向××××人民法院申请强制执行。

　　联系人： _____ 电　话： _____

　　地　址： _____ 邮政编码： _____

×××生态环境厅（局）（印章）

年　月　日

③ 申请人民法院强制执行。

3. 申请强制执行的期限

生态环境主管部门要及时向人民法院申请强制执行，可在下列期限内尽早提起：

（1）"责令改正违法行为决定书""行政处罚决定书""当场行政处罚决定书"送达后当事人未申请行政复议且未提起行政诉讼的，在文书送达之日起 6 个月后起算的 3 个月内；

（2）"复议决定书"送达后当事人未提起行政诉讼的，在"复议决定书"送达之日起 15 日后起算的 3 个月内；

（3）第一审行政判决后当事人未提出上诉的，在判决书送达之日起 15 日后起算的 3 个月内；

（4）第一审行政裁定后当事人未提出上诉的，在裁定书送达之日起 10 日后起算的 3 个月内；

（5）第二审行政判决书送达之日起 3 个月内。

4. 存档事项

本文书一份送达人民法院，一份随卷归档。

二、 行政处罚强制执行申请书的主要内容

1. 首部

在文书正上方居中写明文书制作单位名称、制作的文书名称。

文书居右按照要求写明环境保护法律文书发文字号。文字号由四个部分组成：一是把单位名称中具有代表意义的两个字作制文单位简称；二是将制作的文书名称中具有代表意义的字作文书名称简称；三是制文年代用六角括号括起来，如〔2019〕；四是该类文书年度内制文排列序号。

2. 申请人与被申请人基本信息

（1）申请人基本信息　申请人一般是作出处罚文书的生态环境主管部门，包括生态环境主管部门名称、地址、法定代表人姓名、职务、电话和邮政编码。有委托代理人的，写明委托代理人姓名、工作单位及职务、电话。

（2）被申请人基本信息　被申请人为法人或者其他组织的，写明地址、法定代表人（负责人）姓名、电话、邮政编码；被申请人为公民的，写明姓名、地

址、电话、邮政编码。

3. 正文

（1）生效的处罚文书的信息　包括处罚文书名称、发文文号、送达日期。

（2）不履行的情况　叙述当事人不履行处罚文书载明法定义务的情况，包括当事人全部未履行或者部分未履行。

（3）叙述行政复议和行政诉讼的情况

① 没有提出复议诉讼的，表述为"被申请人在法定期限内既未申请行政复议又未提起行政诉讼"；

② 经过行政复议的，表述为"复议决定书送达后当事人未提起行政诉讼"；

③ 经过人民法院一审判决的，表述为"第一审行政判决后当事人未提出上诉"；

④ 经过人民法院一审裁定的，表述为"第一审行政裁定后当事人未提出上诉"；

⑤ 经过人民法院二审判决的，表述为"第二审行政判决书已经送达"。

（4）申请强制执行的法律依据　写明申请强制执行的法律依据，表述为依照《中华人民共和国行政强制法》第五十三条和《中华人民共和国行政处罚法》第五十一条之规定。

（5）申请强制执行的请求内容　根据文书内容写明申请强制执行的具体内容。

（6）申请执行的法院　一般情况下行政机关可以向所在地有管辖权的人民法院申请强制执行；如果执行对象是不动产的，向不动产所在地有管辖权的人民法院申请强制执行。

（7）材料清单　附有材料清单，如行政决定书及作出决定的事实、理由和依据；当事人的意见及行政机关催告情况；申请强制执行标的情况；法律、行政法规规定的其他材料。

4. 尾部

（1）生态环境主管部门负责人签名、生态环境主管部门印章。

（2）注明文书制作的年、月、日。

三、 行政处罚强制执行申请书的文书样式

见样式 25。

样式25

×××生态环境厅（局）
行政处罚强制执行申请书

_____〔 〕 第 号

申请人名称：_____地址：_____

法定代表人姓名：_____ 职务：_____ 电话：_____

邮政编码：_____

委托代理人姓名：_____工作单位及职务：_____

电话：_____

被申请人名称或姓名：_____地址：_____

法定代表人（负责人）姓名：_____电话：_____

邮政编码：_____

对（当事人及其违法行为）一案，我厅（局）_____年_____月_____日（行政处罚决定或者责令改正决定的文书名称、文号）。（叙述当事人不履行行政处罚文书载明法定义务的情况，叙述生态环境主管部门催告履行义务情况，叙述行政复议和行政诉讼情况。）

依照《中华人民共和国行政强制法》第五十三条和《中华人民共和国行政处罚法》第五十一条之规定，特申请你院强制执行下列内容：

1. _____；

2. _____。

附：1. "行政处罚决定书"（或者"当场行政处罚决定书""责令改正违法行为决定书"）副本_____；

2. 法定代表人身份证明、授权委托书各一份；

3. 当事人的意见及行政机关催告情况；

4. 申请强制执行标的情况；

5. 证明具体行政行为合法的其他材料_____件。

此致

_____人民法院

×××生态环境厅（局）负责人（签名）

×××生态环境厅（局）（印章）

年 月 日

第二章

环境行政许可文书

═══ **文书一** ═══
行政许可申请书

一、 文书制作的基本知识

行政许可是依申请的具体行政行为。它是行政主体根据行政相对方的申请，经依法审查，通过颁发许可证、执照等形式，赋予或确认行政相对方从事某种活动的法律资格或法律权利的一种具体行政行为。申请人提出申请，是行政许可的前提条件，是申请人从事特定行为之前必须履行的法定义务。

申请程序因相对人行使其申请权而开始。申请权是一种程序上的权利，相对人有权通过合法的申请，要求行政机关作出合法的应答。无论申请人在实体法上是否符合获得许可的条件在程序上都享有该权利。

1. 行政许可的设定范围

根据《中华人民共和国行政许可法》第十二条规定，下列事项可以设定行政许可：

① 直接涉及国家安全、公共安全、经济宏观调控、生态环境保护以及直接关系人身健康、生命财产安全等特定活动，需要按照法定条件予以批准的事项；

② 有限自然资源开发利用、公共资源配置以及直接关系公共利益的特定行业的市场准入等，需要赋予特定权利的事项；

③ 提供公众服务并且直接关系公共利益的职业、行业，需要确定具备特殊信誉、特殊条件或者特殊技能等资格、资质的事项；

④ 直接关系公共安全、人身健康、生命财产安全的重要设备、设施、产品、物品，需要按照技术标准、技术规范，通过检验、检测、检疫等方式进行审定的事项；

⑤ 企业或者其他组织的设立等，需要确定主体资格的事项；

⑥ 法律、行政法规规定可以设定行政许可的其他事项。

随着人类社会的发展，人类改造和影响自然的能力与日俱增，人类与自然的矛盾越来越突出。为了实现可持续发展，保持人类与自然的和谐关系，控制和减少人类对自然和环境的破坏，因此，有关影响生态环境的活动，有关于生态环境保护的事项，需要经过批准。我国的环境保护法、水污染防治法、大气污染防治法、固体废物污染环境防治法、噪声污染防治法、海洋环境保护法、建设项目环境保护管理条例等都有这方面的规定。

2. 行政许可申请方式

申请人可以依传统方式到行政机关办公场所递交申请书，还可以利用现代的通信手段提出申请。申请人可以向具备接收条件的行政机关，通过电报、电传、传真、电子数据交换和电子邮件等方式提交申请。通过上述方式提出申请，主要适用于只需要申请人提交有关书面材料，不用提交实物、样品的行政许可。鼓励行政机关和申请人利用现代科技，提高行政效能，同时也体现了行政许可的便民原则。以上述方式提交的申请具有与普通申请书相同的效力。

3. 设定行政许可的规范

法律可以设定行政许可。尚未制定法律的，行政法规可以设定行政许可。必要时，国务院可以采用发布决定的方式设定行政许可。

尚未制定法律、行政法规的，地方性法规可以设定行政许可；尚未制定法律、行政法规和地方性法规的，因行政管理的需要，确需立即实施行政许可的，省、自治区、直辖市人民政府规章可以设定临时性的行政许可。临时性的行政许可实施满一年需要继续实施的，应当提请本级人民代表大会及其常务委员会制定地方性法规。

地方性法规和省、自治区、直辖市人民政府规章，不得设定应当由国家统一确定的公民、法人或者其他组织的资格、资质的行政许可；不得设定企业或者其他组织的设立登记及其前置性行政许可。

二、 行政许可申请书的主要内容

1. 首部

文书的名称。在文书正上方居中写明制作的文书名称：行政许可申请书。

2. 基本信息

行政许可申请人为法人或组织的，写明单位名称、法定代表人姓名、住址、电话以及邮政编码；行政许可申请人为公民的，注明姓名、居民身份证号码、住址、所示单位、电话以及邮政编码，相关信息与居民身份证、营业执照一致。

委托代理人姓名、身份证号码、住址、电话，相关信息与居民身份证保持一致。

3. 正文

（1）许可事项　写明具体的行政许可申请的事项，并确认是首次申请、变更申请、延续申请还是其他申请事项。

（2）事实和理由　首先，应当写明行政许可的事项以及申请的基本情况介绍，包括事项的时间、地点、行为等；其次，具体阐明申请行政许可的理由。

（3）附上行政许可申请材料清单　写明序号、材料名称、数量等相关信息。行政许可申请人应作出承诺，提交的行政许可申请材料真实合法有效，并对申请材料实质内容的真实性负责。如有虚假，愿意承担相应的法律责任。

4. 尾部

（1）行政许可申请人签名或者盖章。行政许可申请人是单位的，应当盖单位印章；是个人的，应当签名。

（2）委托代理人签名或者盖章。

（3）注明提交申请书的年、月、日。

三、 行政许可申请书的文书样式

见样式 26。

═══ 文书二 ═══
行政许可申请材料补正告知书

一、 文书制作的基本知识

申请人申请行政许可，应当如实向行政机关提交有关材料和反映真实情况，并对其申请材料实质内容的真实性负责。行政许可申请材料补正告知书，是受理人员对申请材料形式审查时，发现材料不齐全或者不符合法定形式，应一次性将需要补正的全部内容告知而填写的文书。

申请材料不齐全或者不符合法定形式的，应当当场或者在 5 日内一次告知申请人需要补正的全部内容，逾期不告知的，自收到申请材料之日起即为受理。

本文书一式两份。一份送达申请人，一份由行政机关存档。

样式26

×××生态环境厅（局）
行政许可申请书

行政许可申请人姓名：_____居民身份证号码：_____住址：_____

所在单位：_____电话：_____邮政编码：_____

行政许可申请单位名称：_____法定代表人姓名：_____

住址：_____电话：_____邮编：_____

委托代理人姓名：_____居民身份证号码：_____

住址：_____电话：_____

行政许可申请事项：_____

□首次申请 □变更 □延续 □其他_____

申请事实和理由：_____

_____

_____

_____

附： 行政许可申请材料清单

行政许可申请人：（签名或盖章）

委托代理人：（签名或盖章）

年 月 日

附：行政许可申请材料清单

序号	材料名称	数量	备注
1			
2			
3			
4			
5			
6			
7			
8			
9			
10			
行政许可 申请人	承诺： 申请人： （公章） 法定代表人： 委托代理人： 年 月 日		
行政许可 受理机关	 承办人： 年 月 日		

二、　行政许可申请材料补正告知书的主要内容

1. 首部

文书的名称。在文书正上方居中写明制作的文书名称：行政许可申请材料补正告知书。

按照要求写明环境保护法律文书发文字号。文字号由四个部分组成：一是把单位名称中具有代表意义的两个字作制文单位简称；二是将制作的文书名称中具有代表意义的字作文书名称简称，如本文书行政许可申请材料补正告知书简称为"许补正"；三是制文年代用六角括号括起来，如〔2019〕；四是该类文书年度内制文排列序号。

2. 正文

（1）当事人名称　文书中写明告知补正申请行政许可材料的对象姓名。主要目的是便于正确辨别当事人身份，准确确认申请行政许可的事实和当事人，不能出错。

（2）当事人提出行政许可申请的事项　写明提出行政许可的时间、提出的行政许可事项，表述为："你（单位）于 __ 年 __ 月 __ 日提出的＿＿＿＿＿＿行政许可申请收悉。"

（3）需要补正的事项　逐一列明需要补正的材料。

（4）补正时间　明确要求申请人补正相关材料的具体时间，表述为："请你（单位）于 __ 年 __ 月 __ 日前按要求补充齐全或者更正、修改上述材料。"

3. 尾部

（1）加盖文书制作行政机关的印章。

（2）注明文书制作的年、月、日。

三、　行政许可申请材料补正告知书的文书样式

见样式 27。

═══ **文书三** ═══

行政许可审批表

一、　文书制作的基本知识

行政许可审批表，是行政机关对申请人提交的申请材料根据法定条件和程序

样式27

×××生态环境厅（局）
行政许可申请材料补正告知书

_____ 许补正〔 〕_____ 号

_____：

　　你（单位）于 _____ 年 _____ 月 _____ 日提出的 _____
行政许可申请收悉，经审查，需要提交下列补正材料：

　　1.×××××××××（原件/复印件，一式×份）；

　　2.×××××××××（原件/复印件，一式×份）；

　　……

　　请你（单位）于 _____ 年 _____ 月 _____ 日前按要求补充齐全或者更
正、修改上述材料。

行政机关印章（专用印章）

年　月　日

进行审查，审查申请人提交的申请材料是否齐全、是否符合法定形式，并对申请材料的实质内容进行核实，作出是否予以行政许可的书面文书。

行政机关对行政许可申请进行审查后，能够当场作出决定的，应当当场作出书面的行政许可决定。不能当场作出的，应当经过审核审批，并在法定期限内按照规定程序作出行政许可决定。

审查过程中行政机关应当指派两名以上工作人员进行核查。

二、 行政许可审批表的主要内容

1. 首部

文书的名称。在文书正上方居中写明制作的文书名称：行政许可审批表。

2. 正文

（1）申请人信息　应根据实际情况如实填写，行政许可申请人为法人或组织的，写明单位名称、法定代表人、姓名、住址、电话；行政许可申请人为公民的，注明姓名、居民身份证号码、住址、电话，相关信息与居民身份证、营业执照一致。

（2）行政许可申请事项　根据实际情况写明具体的申请行政许可的事项。

（3）行政许可事项审查情况　行政机关对申请人提交的申请材料根据法定条件和程序进行审查，审查申请人提交的申请材料是否齐全、是否符合法定形式，并对申请材料的实质内容进行核实，从而作出是否予以行政许可的书面文书。根据法定条件和程序，需要对申请材料的实质内容进行核实的，行政机关应当指派两名以上工作人员进行核查。

（4）承办人意见　承办人建议受理或不予受理行政许可申请的意见、签名及日期。

（5）承办机构审核意见　承办机构受理或不予受理行政许可申请的审核意见、签名及日期。

（6）行政机关负责人审批意见　行政机关负责人受理或不予受理行政许可申请的审批意见、签名及日期。

三、 行政许可审批表的文书样式

见样式28。

×××生态环境厅（局）
行政许可审批表

<table>
<tr><td rowspan="4">申
请
人</td><td>单位名称</td><td></td><td>法定代表人</td><td></td></tr>
<tr><td>姓　名</td><td></td><td>居民身份证号码</td><td></td></tr>
<tr><td>工作单位</td><td></td><td>电　话</td><td></td></tr>
<tr><td>住　址</td><td></td><td>邮　编</td><td></td></tr>
<tr><td>行政许可
申请事项</td><td colspan="4"></td></tr>
<tr><td>行政许可
事项审查
情况</td><td colspan="4"></td></tr>
<tr><td>承办人
意　见</td><td colspan="4">承办人签名：

　　　　　　　　　　　　　　　　年　月　日</td></tr>
<tr><td>承办机构
审核意见</td><td colspan="4">负责人签名：

　　　　　　　　　　　　　　　　年　月　日</td></tr>
<tr><td>行政机关
负责人
审批意见</td><td colspan="4">负责人签名：

　　　　　　　　　　　　　　　　年　月　日</td></tr>
</table>

═══ **文书四** ═══
行政许可受理通知书

一、 文书制作的基本知识

行政机关对申请人提交的申请材料根据法定条件和程序进行审查后，申请人的申请符合法定条件、标准的，行政机关应当依法作出予以受理的书面决定，制作行政许可受理通知书。

1. 行政许可予以受理的情形

行政许可应当予以受理的情形：

① 申请事项属于受理申请的行政机关职权范围；

② 申请材料齐全；

③ 申请材料符合法定形式；

④ 申请材料不齐全或者不符合法定形式，申请人按照行政机关的要求提交全部补正申请材料的，应当受理行政许可申请。

2. 文书要求

文书一式两份。一份送达申请人，一份由行政机关存档。

二、 行政许可受理通知书的主要内容

1. 首部

文书的名称。在文书正上方居中写明制作的文书名称：行政许可受理通知书。

按照要求写明环境保护法律文书发文字号。文字号由四个部分组成，一是把单位名称中具有代表意义的两个字作制文单位简称；二是将制作的文书名称中具有代表意义的字作文书名称简称，如本文书行政许可受理通知书简称为"许受理"；三是制文年代用六角括号括起来，如〔2019〕；四是该类文书年度内制文排列序号。

2. 正文

（1）申请人名称　文书中写明行政许可受理通知书需要告知的对象。行政许

可申请人为法人或组织的写明单位名称，并与营业执照保持一致；行政许可申请人为公民的注明姓名，并与居民身份证保持一致。

（2）申请人提出行政许可申请的事项　写明提出行政许可的时间、提出的行政许可事项，表述为："你（单位）于 ＿＿＿＿＿ 年 ＿＿＿＿＿ 月 ＿＿＿＿＿ 日提出的 ＿＿＿＿＿＿＿＿＿行政许可申请收悉。"

（3）行政许可受理的事项　明确予以受理的事项以及受理的日期，表述为："经审查，符合行政许可申请的受理条件，本机关决定自 ＿＿＿＿＿ 年 ＿＿＿＿＿ 月 ＿＿＿＿＿ 日起受理。"

3. 尾部

（1）加盖文书制作行政机关的印章。

（2）注明文书制作的年、月、日。

三、 行政许可受理通知书的文书样式

见样式 29。

文书五
行政许可不予受理决定书

一、 文书制作的基本知识

行政机关对申请人提交的申请材料根据法定条件和程序进行审查后，行政机关依法作出不予受理行政许可的书面决定的，应当说明理由，并告知申请人享有依法申请行政复议或者提起行政诉讼的权利。文书一式两份。一份送达申请人，一份由行政机关存档。

1. 行政许可不予受理的情形

根据《中华人民共和国行政许可法》第三十二条第一款规定，行政许可不予受理的情形：①申请事项依法不需要取得行政许可的不予受理，并即时告知申请人不受理；②申请事项依法不属于本行政机关职权范围的，应当即时作出不予受理的决定，并告知申请人向有关行政机关申请。

×××生态环境厅（局）
行政许可受理通知书

_____ 许受理〔　〕_____ 号

申请人单位名称（或者个人姓名）：

你（单位）于 _____ 年 _____ 月 _____ 日提出的 _____

_____行政许可申请收悉。经审查，符合行政许可申请的受理

条件，本机关决定自 _____ 年 _____ 月 _____ 日起受理。

行政机关专用印章

年　月　日

2. 行政复议

根据《中华人民共和国行政复议法》第九条的规定，公民、法人或者其他组织认为具体行政行为侵犯其合法权益的，可以自知道该具体行政行为之日起六十日内提出行政复议申请；但是法律规定的申请期限超过六十日的除外。因不可抗力或者其他正当理由耽误法定申请期限的，申请期限自障碍消除之日起继续计算。由此可见提起复议的期限是自收到决定书之日起六十日内提出。

根据《中华人民共和国行政复议法》第十二条规定，对县级以上地方各级人民政府工作部门的具体行政行为不服的，由申请人选择，可以向该部门的同级人民政府申请行政复议，也可以向上一级主管部门申请行政复议。据此可以向上一级生态环境主管部门或者同级人民政府申请行政复议。

3. 行政诉讼

根据《中华人民共和国行政诉讼法》第四十六条的规定，公民、法人或者其他组织直接向人民法院提起诉讼的，应当自知道或者应当知道作出行政行为之日起六个月内提出。法律另有规定的除外。可见提起诉讼的期限是在收到决定书之日起六个月内。

根据《中华人民共和国行政诉讼法》第十八条有关于管辖的规定，行政案件由最初作出行政行为的行政机关所在地人民法院管辖。经复议的案件，也可以由复议机关所在地人民法院管辖。经最高人民法院批准，高级人民法院可以根据审判工作的实际情况，确定若干人民法院跨行政区域管辖行政案件。由此可见提起行政诉讼的管辖由最初作出决定的行政机关所在地人民法院管辖。

二、 行政许可不予受理决定书的主要内容

1. 首部

文书的名称。在文书正上方居中写明制作的文书名称：行政许可不予受理决定书。

按照要求写明环境保护法律文书发文字号。文字号由四个部分组成：一是把单位名称中具有代表意义的两个字作制文单位简称；二是将制作的文书名称中具有代表意义的字作文书名称简称，如本文书行政许可不予受理决定书简称为"许不受决"；三是制文年代用六角括号括起来，如〔2019〕；四是该类文书年度内制文排列序号。

2. 正文

（1）申请人名称　文书中写明行政许可受理通知书需要告知的对象。行政许可申请人为法人或组织的写明单位名称，并与营业执照保持一致；行政许可申请人为公民的注明姓名，并与居民身份证保持一致。

（2）申请人提出行政许可申请的事项　写明提出行政许可的时间、提出的行

政许可事项，表述为："你（单位）于 ＿＿＿＿＿ 年 ＿＿＿＿＿ 月 ＿＿＿＿＿ 日提出的 ＿＿＿＿＿＿＿＿＿行政许可申请收悉。"

（3）行政许可不予受理的决定　写明审查的具体情况，并根据审查情形写明不符合法定条件或法定标准的情况，即说明不予以受理的理由。同时写明不予受理的法律依据，引用法律、法规、规章时名称用全称，并要具体到条款。

（4）救济途径和期限　如申请人对行政许可不予受理决定书不服，可以自收到决定书之日起六十日内，选择向该部门的同级人民政府申请行政复议，也可以选择向上一级生态环境主管部门提起行政复议；或者当事人可以自收到决定书之日起六个月内向作出行政行为的行政机关所在地人民法院提起行政诉讼。行政复议和行政诉讼是两种最常用的救济自己权利的途径。

3. 尾部

（1）加盖文书制作行政机关的印章。

（2）注明文书制作的年、月、日。

三、 行政许可不予受理决定书的文书样式

见样式 30。

═══ 文书六 ═══
行政许可权利告知书

一、 文书制作的基本知识

行政许可权利告知书，该文书是行政机关工作人员对申请事项审查，发现该许可事项直接关系他人重大利益，需要告知利害关系人相关权利时填写的文书。文书一式两份。一份送达申请人，一份行政机关存档。

1. 陈述申辩权

行政机关对行政许可申请进行审查时，发现行政许可事项直接关系他人重大利益的，应当告知与该事项有重大关系的利害关系人。申请人、利害关系人有权进行陈述和申辩。行政机关应当听取申请人、利害关系人的意见。

样式30

×××生态环境厅（局）
行政许可不予受理决定书

_____ 许不受决〔 〕 号

申请人单位名称（或者个人姓名）：

你（单位）于 _____ 年 _____ 月 _____ 日提出的 _____ 行政许可申请收悉。经审查，（审查情况和不予受理许可的理由）。依据（法律依据名称及条、款、项具体内容）规定，本机关决定不予受理你提出的申请。

你（单位）如不服本决定，可以自收到本决定书之日起六十日内向 _____ 或者 _____ 申请行政复议，也可以自收到本决定书之日起六个月内依法直接向 _____ 人民法院提起行政诉讼。

行政机关专用印章
年 月 日

2. 听证申请权

行政机关对行政许可申请进行审查时，发现行政许可事项直接涉及申请人与他人之间重大利益关系的，行政机关在作出行政许可决定前，应当告知申请人、利害关系人享有要求听证的权利。申请人、利害关系人在被告知听证权利之日起五日内提出听证申请的，行政机关应当在二十日内组织听证。申请人、利害关系人不承担行政机关组织听证的费用。

二、 行政许可权利告知书的主要内容

1. 首部

文书的名称。在文书正上方居中写明制作的文书名称：行政许可权利告知书。

文书按照要求写明环境保护法律文书发文字号。文字号由四个部分组成：一是把单位名称中具有代表意义的两个字作制文单位简称；二是将制作的文书名称中具有代表意义的字作文书名称简称，如行政许可权利告知书简称为"听告"；三是制文年代用六角括号括起来，如〔2019〕；四是该类文书年度内制文排列序号。

2. 正文

（1）申请人或利害关系人名称 行政许可事项关系到他人重大利益时，应当告知与该事项有重大关系的利害关系人，文书中应写明行政许可权利告知书需要告知的重大利害关系人。行政许可申请人或者利害关系人为法人或组织的写明单位名称，并与营业执照保持一致；行政许可申请人或者利害关系人为公民的注明姓名，并与居民身份证保持一致。

（2）申请人提出行政许可申请的事项 写明提出行政许可的时间、提出的行政许可事项，表述为："_____ 年 _____ 月 _____ 日，（行政许可申请人）向本机关申请（行政许可事项名称）行政许可。"

（3）行政许可予以受理的情形 写明受理的具体日期，表述为："本机关已决定自 _____ 年 _____ 月 _____ 日起受理。"

（4）重大利益关系的具体情况 将审查过程中发现的申请事项关系到相关人员的重大利益，并明确写明关系他人重大利益的具体情况。

（5）权利的告知 根据《中华人民共和国行政许可法》第三十六条、第四十七条的规定，明确申请人或者利害关系人享有的陈述权、申辩权以及听证请求权。并对提出的时限，以及逾期未提出的后果予以说明。

（6）行政机关的相关信息 写明行政机关联系人的姓名、联系电话以及单位地址等相关信息，对于相关信息如实填写即可。

3. 尾部

（1）加盖文书制作行政机关的印章。

（2）注明文书制作的年、月、日。

三、 行政许可权利告知书的文书样式

见样式31。

样式31

×××生态环境厅（局）
行政许可权利告知书

_____ 听告〔　〕 号

（申请人或利害关系人）：

　　_____ 年 _____ 月 _____ 日,(行政许可申请人)向本机关申请(行政许可事项名称)行政许可；本机关已决定自 _____ 年 _____ 月 _____ 日起受理。审查中发现该申请直接关系到你(单位)的重大利益,现将有关情况告知你(单位)：(写明关系他人重大利益的具体情况)。

　　依照《中华人民共和国行政许可法》第三十六条、第四十七条的规定,你(单位)享有陈述权、申辩权和要求听证的权利。请你(单位)在接到本告知书之日起的五个工作日内,到我机关进行陈述、申辩,或提出听证申请,逾期未进行陈述、申辩,或提出听证申请的,视为放弃上述权利。特此告知。

　　行政机关联系人：_____

　　行政机关联系电话：_____

　　行政机关单位地址：_____

行政机关印章（专用印章）

年　月　日

$$=== \textbf{文书七} ===$$

陈述（申辩）笔录

一、 文书制作的基本知识

陈述（申辩）笔录是指行政机关在申请人、利害关系人陈述、申辩期间，对组织和听取申请人、利害关系人陈述、申辩的真实完整的书面记录。

1. 适用依据

陈述（申辩）笔录是对当事人及陈述申辩人陈述事实、理由和申辩内容的记录。文书为内部使用文书，它属于制作式内部文书。

根据《中华人民共和国行政许可法》第七条规定，公民、法人或者其他组织对行政机关实施行政许可，享有陈述权、申辩权；有权依法申请行政复议或者提起行政诉讼；其合法权益因行政机关违法实施行政许可受到损害的，有权依法要求赔偿。该法第三十六条规定，行政机关对行政许可申请进行审查时，发现行政许可事项直接关系他人重大利益的，应当告知该利害关系人。申请人、利害关系人有权进行陈述和申辩。行政机关应当听取申请人、利害关系人的意见。

2. 笔录制作要求

对当事人或者代理人的陈述、申辩的内容要忠实地、全面地记录当事人对案件事实、性质、证据、情节、处罚轻重等进行陈述辩解的全部内容，尽可能记录原话，如不能记录原话的，记录应当真实反映陈述申辩人原意。要注意清楚记录当事人提出的新的事实和证据。笔录制作必须有 2 人以上监督员，有书面陈述申辩意见的附在笔录后。

二、 陈述（申辩）笔录的主要内容

1. 首部

文书的名称。在文书正上方居中写明制作的文书名称：陈述（申辩）笔录。

2. 基本信息

（1）时间　填写清楚做陈述（申辩）笔录记录的起止时间，写明年、月、日、时、分。

（2）地点　填写清楚做陈述（申辩）笔录的地点。

（3）陈述（申辩）人　需要填写基本信息包括姓名、性别、工作单位、电话、住址以及邮政编码等相关信息，填写的以上相关信息时需要与居民身份证核对一致。

（4）记录人　填写基本信息，包括姓名、执法证编号、工作单位。

3. 正文

（1）陈述（申辩）请求　先简要概括陈述或者申辩的具体请求。

（2）事实和理由　首先，应当写明需要陈述或者申辩的事项以及具体内容；其次，具体阐明陈述或者申辩的事实和理由。

4. 尾部

陈述（申辩）人对笔录进行审阅后需要签上确认意见，如无异议可以写明"笔录上述内容，记录属实"并逐页签名、注明日期。如果陈述（申辩）人拒不审阅确认或者拒不签名的，由记录人予以注明。

记录人也要逐页签名，并注明日期。

三、 陈述（申辩） 笔录的文书样式

见样式 32。

══ 文书八 ══
行政许可听证申请书

一、 文书制作的基本知识

行政许可听证申请是依申请人或利害关系人的申请而来的行政行为，是行政机关作出行政行为前给予当事人就重要事实表示意见的机会，通过公开、公正、民主的方式达到行政目的的程序。

1. 行政许可听证的适用范围

根据《环境保护行政许可听证暂行办法》第五条规定，有下列情形之一的，

×××生态环境厅（局）
陈述（申辩）笔录

陈述（申辩）时间：＿＿＿＿年＿＿＿＿月＿＿＿＿日＿＿＿＿时＿＿＿＿分至
＿＿＿＿时＿＿＿＿分

陈述（申辩）地点：＿＿＿＿＿＿＿＿＿＿＿＿＿＿＿＿＿＿＿＿＿＿＿＿＿＿

陈述（申辩）人：＿＿＿＿＿＿　性别：＿＿＿＿＿＿＿＿

工作单位：＿＿＿＿＿＿　电话：＿＿＿＿＿＿＿＿＿

住址：＿＿＿＿＿＿＿＿　邮编：＿＿＿＿＿＿＿＿＿

记录人：＿＿＿＿＿＿　执法证编号：＿＿＿＿＿＿＿＿

陈述（申辩）请求：＿＿＿＿＿＿＿＿＿＿＿＿＿＿＿＿＿＿＿＿＿＿＿＿

事实和理由：＿＿＿＿＿＿＿＿＿＿＿＿＿＿＿＿＿＿＿＿＿＿＿＿＿＿＿

＿＿＿＿＿＿＿＿＿＿＿＿＿＿＿＿＿＿＿＿＿＿＿＿＿＿＿＿＿＿＿＿＿＿＿

＿＿＿＿＿＿＿＿＿＿＿＿＿＿＿＿＿＿＿＿＿＿＿＿＿＿＿＿＿＿＿＿＿＿＿

＿＿＿＿＿＿＿＿＿＿＿＿＿＿＿＿＿＿＿＿＿＿＿＿＿＿＿＿＿＿＿＿＿＿＿

＿＿＿＿＿＿＿＿＿＿＿＿＿＿＿＿＿＿＿＿＿＿＿＿＿＿＿＿＿＿＿＿＿＿＿

（以下是笔录尾页）

陈述（申辩）人阅核后签注"笔录上述内容，记录属实。"

陈述（申辩）人签字：＿＿＿＿＿　＿＿＿＿＿年＿＿＿＿月＿＿＿＿日

记录人签字：＿＿＿＿＿　＿＿＿＿＿年＿＿＿＿月＿＿＿＿日

实施环境保护行政许可听证：

① 按照法律、法规、规章的规定，实施环境保护行政许可应当组织听证的；

② 实施涉及公共利益的重大环境保护行政许可，环境保护行政主管部门认为需要听证的；

③ 环境保护行政许可直接涉及申请人与他人之间重大利益关系，申请人、利害关系人依法要求听证的。

2. 行政许可听证的启动方式

（1）依职权听证　行政机关对法定事项或其认为涉及公共利益的事项应当决定听证。

（2）依申请听证　对直接涉及申请人与他人重大利益的事项应告知听证权。

3. 行政许可听证期限

（1）申请期限　权利人应在被告知听证权利之日 5 日内申请听证。

（2）组织期限　行政机关应当在 20 日内组织听证。

（3）告知期限　行政机关应于举行听证 7 日前告知听证时间、地点，必要时予以公告。

4. 行政许可听证的举行方式

（1）一般应当公开举行；

（2）对涉及国家机密、商业秘密和个人隐私的事项，听证可以不公开进行。

5. 延期听证

有下列情形之一的，可以延期举行听证：

① 因不可抗力事由致使听证无法按期举行的；

② 行政许可申请人、利害关系人临时申请听证主持人回避的；

③ 行政许可申请人、利害关系人申请延期，并有正当理由的；

④ 可以延期的其他情形。

延期听证的，组织听证的生态环境主管部门应当书面通知听证参加人。

6. 中止听证

有下列情形之一的，中止听证：

① 听证主持人认为听证过程中提出的新的事实、理由、依据有待进一步调查核实或者鉴定的；

② 申请听证的公民死亡、法人或者其他组织终止，尚未确定权利、义务承受人的；

③ 其他需要中止听证的情形。

中止听证的，组织听证的生态环境主管部门应当书面通知听证参加人。

7. 终止听证

有下列情形之一的，应当终止听证：

① 行政许可申请人、利害关系人在告知后明确放弃听证权利的；

② 听证申请人撤回听证要求的；

③ 听证申请人无正当理由不参加听证的；

④ 听证申请人在听证过程中声明退出的；

⑤ 听证申请人未经听证主持人允许中途退场的；

⑥ 听证申请人为法人或者其他组织的，该法人或者其他组织终止后，承受其权利的法人或者组织放弃听证权利的；

⑦ 听证申请人违反听证纪律，情节严重，被听证主持人责令退场的；

⑧ 需要终止听证的其他情形。

二、 行政许可听证申请书的主要内容

1. 首部

文书的名称。在文书正上方居中写明制作的文书名称：行政许可听证申请书。

2. 基本信息

行政许可听证申请人为公民的，注明姓名、居民身份证号码、住址、工作单位、电话以及邮编，相关信息与居民身份证保持一致；行政许可听证申请人为法人或组织的，写明单位名称、法定代表人姓名、地址、电话以及邮编，相关信息与营业执照保持一致。

委托代理人姓名、居民身份证号码、住址、电话，相关信息与居民身份证保持一致。

3. 正文

（1）申请听证的目的　写明申请听证的目的，听证在一定程度上可以更好地查明事实真相，保证行政结果的正当；也可以保障相对人平等、有效参与行政决定，实现行政决定的民主化。

（2）申请听证的事实和理由　首先，应当从举行听证的条件角度，写明符合申请听证条件的事实以及具体内容；其次，具体阐明申请听证的法定理由和事实理由。

4. 尾部

（1）行政许可申请人签名或者盖章。行政许可申请人是单位的，应当盖单位

印章；是个人的，应当签名。

（2）委托代理人签名或者盖章。

（3）注明提交申请书的年、月、日。

三、 行政许可听证申请书的文书样式

见样式 33。

══ 文书九 ══
行政许可听证通知书

一、 文书制作的基本知识

行政机关应当于举行听证的 7 日前将举行听证的时间、地点通知申请人、利害关系人，必要时予以公告。

1. 环境保护行政许可申请人、 利害关系人享有的权利

根据《环境保护行政许可听证暂行办法》第十二条规定，环境保护行政许可申请人、利害关系人享有下列权利：

（1）要求或者放弃听证；

（2）依法申请听证主持人回避；

（3）可以亲自参加听证，也可以委托 1～2 名代理人参加听证；

（4）就听证事项进行陈述、申辩和举证；

（5）对证据进行质证；

（6）听证结束前进行最后陈述；

（7）审阅并核对听证笔录；

（8）查阅案卷。

2. 环境保护行政许可申请人、利害关系人承担的义务

根据《环境保护行政许可听证暂行办法》第十三条规定，环境保护行政许可申请人、利害关系人承担下列义务：

（1）按照组织听证的环境保护行政主管部门指定的时间、地点出席听证会；

样式33

×××生态环境厅（局）
行政许可听证申请书

申请人姓名：＿＿＿＿＿＿居民身份证号码：＿＿＿＿＿＿住址：＿＿＿＿＿＿＿

所在单位：＿＿＿＿＿＿＿＿电话：＿＿＿＿＿＿＿＿邮编：＿＿＿＿＿＿＿

申请单位名称：＿＿＿＿＿＿＿＿＿＿＿＿法定代表人姓名：＿＿＿＿＿＿

住址：＿＿＿＿＿＿＿＿＿电话：＿＿＿＿＿＿＿＿邮编：＿＿＿＿＿＿

与本案关系：＿＿＿＿＿＿＿＿＿＿＿＿＿＿＿＿＿＿＿＿＿＿＿＿＿＿

委托代理人姓名：＿＿＿＿＿＿＿＿＿居民身份证号码：＿＿＿＿＿＿＿＿

住址：＿＿＿＿＿＿＿＿＿＿＿＿电话：＿＿＿＿＿＿＿＿＿＿＿

申请听证目的（主要要求）：＿＿＿＿＿＿＿＿＿＿＿＿＿＿＿＿＿＿

申请听证的事实和理由：＿＿＿＿＿＿＿＿＿＿＿＿＿＿＿＿＿＿＿

＿＿＿＿＿＿＿＿＿＿＿＿＿＿＿＿＿＿＿＿＿＿＿＿＿＿＿＿＿＿＿＿＿＿

＿＿＿＿＿＿＿＿＿＿＿＿＿＿＿＿＿＿＿＿＿＿＿＿＿＿＿＿＿＿＿＿＿＿

＿＿＿＿＿＿＿＿＿＿＿＿＿＿＿＿＿＿＿＿＿＿＿＿＿＿＿＿＿＿＿＿＿＿

听证申请人：（签名或盖章）

委托代理人：（签名或盖章）

年　月　日

（2）依法举证；

（3）如实回答听证主持人的询问；

（4）遵守听证纪律。

听证申请人无正当理由不出席听证会的，视同放弃听证权利。

听证申请人违反听证纪律，情节严重的被听证主持人责令退场的，视同放弃听证权利。

3. 回避

（1）回避的情形　包括以下几种：①是被听证的行政许可的审查人员，或者是行政许可审查人员的近亲属；②是被听证的行政许可的当事人，或者是被听证的行政许可当事人、代理人的近亲属；③与行政许可结果有直接利害关系的；④与被听证的行政许可当事人有其他关系，可能影响公正听证的。

（2）应当回避的人员　听证主持人、环境鉴定人员以及环境监测人员。

（3）回避的方式　听证主持人、环境鉴定人员以及环境监测人员自行回避；环境保护行政许可申请人或者利害关系人口头或者书面方式申请其回避。

二、行政许可听证通知书的主要内容

1. 首部

文书的名称。在文书正上方居中写明制作的文书名称：行政许可听证通知书。

文书按照要求写明环境保护法律文书发文字号。文字号由四个部分组成：一是把单位名称中具有代表意义的两个字作制文单位简称；二是将制作的文书名称中具有代表意义的字作文书名称简称，如行政许可听证通知书简称为"听通"；三是制文年代用六角括号括起来，如〔2019〕；四是该类文书年度内制文排列序号。

2. 正文

（1）当事人名称　文书中写明行政许可听证通知书需要通知的对象。环境保护行政许可听证申请人或者利害关系人为法人或组织的，写明单位名称与营业执照保持一致；环境保护行政许可听证申请人或者利害关系人为公民的，注明姓名与居民身份证保持一致。

（2）听证会的基本信息　听证会的时间。告知举行听证的时间，具体到时、分。听证会的地点。告知举行听证的具体地点。举行听证会的事由。写明举行听证会的行政许可事项。

（3）告知参与听证会的人员　通知书中应告知听证主持人的姓名、职务等信息。

（4）权利的告知

① 回避申请权。根据《中华人民共和国行政许可法》第四十八条规定，申请人、利害关系人认为主持人与该行政许可事项有直接利害关系的，有权申请回避。同时《环境保护行政许可听证暂行办法》第十一条明确规定了回避的具体情形。

② 委托代理权。当事人可以亲自参加听证，也可以委托 1～2 名代理人参加听证。

（5）参加听证的注意事项　注明参加听证的要求，如提前办理授权委托手续、携带证据材料、通知证人出席作证。

（6）联系人的基本信息　文书中应当告知联系人员的基本信息，如姓名、电话、单位地址。

3. 尾部

（1）加盖文书制作行政机关的印章。

（2）注明文书制作的年、月、日。

三、 行政许可听证通知书的文书样式

见样式 34。

═ 文书十 ═
行政许可听证笔录

一、 文书制作的基本知识

1. 环境保护行政许可听证会程序

根据《环境保护行政许可听证暂行办法》第二十八条的规定，环境保护行政许可听证会按以下程序进行：

（1）听证主持人宣布听证会场纪律，告知听证申请人、利害关系人的权利和义务，询问并核实听证参加人的身份，宣布听证开始；

（2）记录员宣布听证所涉许可事项、听证主持人和听证员的姓名、工作单位

样式34

×××生态环境厅（局）
行政许可听证通知书

_____ 听通〔 〕 号

（环境保护行政许可听证申请人或者利害关系人）：

　　应（环境保护行政许可听证申请人和/或利害关系人）的申请，根据《中华人民共和国行政许可法》第四十八条的规定，本机关定于 _____ 年 _____ 月 _____ 日 _____ 时 _____ 分在（地点），就（行政许可事项）举行听证会，请你（单位）准时参加。无正当理由不参加的，视为放弃听证权利。

　　听证主持人姓名： _____ 职务： _____

　　若你（单位）认为听证主持人与该行政许可事项有直接利害关系，有权申请回避。参加听证会，请携带有关文件和证据。委托他人代为参加听证的，必须在听证会举行前向本机关提交委托代理人的身份证明和由你（单位）签名或者盖章的委托代理书。如无正当理由缺席或者中途退场的，视为放弃听证权利。

　　行政机关联系人：

　　行政机关联系电话：

　　行政机关单位地址：

行政机关印章（专用印章）

年　月　日

和职务；

（3）行政许可审查人员提出初步审查意见、理由和证据；

（4）行政许可申请人、利害关系人就该行政许可事项进行陈述和申辩，提出有关证据，对行政许可审查人员提出的证据进行质证；

（5）行政许可审查人员和行政许可申请人、利害关系人进行辩论；

（6）行政许可申请人、利害关系人做最后陈述；

（7）主持人宣布听证结束。

在听证过程中，主持人可以向行政许可审查人员、行政许可申请人、利害关系人和证人发问，有关人员应当如实回答。

2. 制作要求

听证笔录应当全面、如实记录听证会上的陈述。听证记录要简练真实，抓住重点，涉及认定事实和定性等关键问题，力求记录原话。对当事人提出的主要观点、主要证据要重点记录，表述清晰。质证情况是听证笔录的重点，要记录准确，经过质证的证据要在笔录中记明。

笔录不能随意空行，空白处注明"以下空白"或者划有斜线。笔录字迹要端正，保证可以正常阅读。

笔录必须当场制作，不得事后补记、增删。有文字修改的，由修改人在修改处签名或者盖章。

本文书原件随卷归档。

二、 行政许可听证笔录的主要内容

1. 首部

文书的名称。在文书正上方居中写明制作的文书名称：行政许可听证笔录。

2. 基本信息

（1）听证会的基本信息 行政许可听证会的具体事项，包括举行听证会的时间，具体到时分、以及听证会具体的举行地点。

（2）参与听证会人员的基本信息

① 听证主持人、听证员、记录员、翻译人员的姓名。

② 听证申请人为法人或者其他组织的填写名称，与营业执照一致，法定代表人（负责人）姓名；听证申请人为公民的填写姓名，与居民身份证一致。

有委托代理人的，写明其姓名、工作单位、职务、电话。

③ 利害关系人填写名称，单位及职务，与营业执照或者居民身份证一致。

有委托代理人的，写明其姓名、工作单位、职务、电话。

④ 行政许可审查人员姓名及职务。

3. 正文

听证笔录的正文主要记录以下内容：

（1）举行听证会的内容和目的；

（2）介绍和核实听证参加人的姓名和身份；

（3）告知当事人、委托代理人和其他听证参加人依法享有的权利；

（4）宣布听证的纪律；

（5）听证公开情况；

（6）行政许可审查人员提出的初步审查意见、理由和证据；

（7）行政许可申请人、利害关系人和其他听证参加人的主要观点、理由和依据；

（8）行政许可审查人员和行政许可申请人、利害关系人双方质证、辩论的内容和证据；

（9）行政许可申请人、利害关系人的最后陈述意见；

（10）延期、中止或者终止的说明；

（11）听证主持人对听证活动中有关事项的处理情况；

（12）听证主持人认为应当笔录的其他事项。

4. 尾部

行政许可申请人及其委托代理人、利害关系人及其委托代理人、行政许可审查人员对笔录进行审阅，并根据审阅结果签署确认意见，若无异议可注明"上述笔录内容已阅，记录属实"并逐页签名、注明日期。若拒绝签字的，注明拒签事由。

听证主持人、记录员也需要签名，并注明日期。

三、 行政许可听证笔录的文书样式

见样式 35。

═══ **文书十一** ═══
准予行政许可决定书

一、 文书制作的基本知识

1. 适用条件

行政机关根据公民、法人或者其他组织的申请，经依法审查，准予其从事特

×××生态环境厅（局）
行政许可听证笔录

申请行政许可事项名称：＿＿＿＿＿＿＿＿＿＿＿＿＿＿＿＿＿＿＿＿＿

听证时间：＿＿＿＿＿＿＿＿＿＿＿ 年 ＿＿＿＿ 月 ＿＿＿＿ 日 ＿＿＿＿ 时

听证地点：＿＿＿＿＿＿＿＿＿＿＿＿＿＿＿＿＿＿＿＿＿＿＿＿＿＿＿＿

听证主持人：＿＿＿＿＿＿＿＿＿＿＿ 听证员：＿＿＿＿＿＿＿＿＿＿＿

记录员：＿＿＿＿＿＿＿＿＿＿＿＿＿ 翻译人员：＿＿＿＿＿＿＿＿＿＿

申请人：＿＿＿＿＿＿＿＿＿＿＿＿＿ 法定代表人：＿＿＿＿＿＿＿＿＿

委托代理人：＿＿＿＿＿＿＿＿＿＿＿ 单位及职务电话：＿＿＿＿＿＿＿

利害关系人：＿＿＿＿＿＿＿＿＿＿＿ 单位及职务：＿＿＿＿＿＿＿＿＿

委托代理人：＿＿＿＿＿＿＿＿＿＿＿ 单位及职务电话：＿＿＿＿＿＿＿

行政许可审查人员：＿＿＿＿＿＿＿＿＿＿＿ 职务：＿＿＿＿＿＿＿＿＿

＿＿＿＿＿＿＿＿＿＿＿ 职务：＿＿＿＿＿＿＿＿＿

听证记录：＿＿＿＿＿＿＿＿＿＿＿＿＿＿＿＿＿＿＿＿＿＿＿＿＿＿＿＿

＿＿＿＿＿＿＿＿＿＿＿＿＿＿＿＿＿＿＿＿＿＿＿＿＿＿＿＿＿＿＿＿＿＿＿

＿＿＿＿＿＿＿＿＿＿＿＿＿＿＿＿＿＿＿＿＿＿＿＿＿＿＿＿＿＿＿＿＿＿＿

有关参加人对听证笔录阅核后，应注明"上述笔录内容已阅，记录属实。"

听证申请人（委托代理人）签名：＿＿＿＿＿＿＿＿＿ 年 ＿＿ 月 ＿＿ 日

其他参加人签名：＿＿＿＿＿＿＿＿＿＿＿＿＿ 年 ＿＿ 月 ＿＿ 日

行政许可审查人签名：＿＿＿＿＿＿＿＿＿＿＿ 年 ＿＿ 月 ＿＿ 日

听证主持人签名：＿＿＿＿＿＿＿＿＿＿＿＿＿ 年 ＿＿ 月 ＿＿ 日

记录员签名：＿＿＿＿＿＿＿＿＿＿＿＿＿＿＿ 年 ＿＿ 月 ＿＿ 日

定活动的行为。准予行政许可决定书是行政机关工作人员对行政许可申请事项审查后，认为符合该许可事项规定要求而填写的文书，许可内容应当填写完整、具体。

2. 期限

（1）当场作出行政许可决定。

（2）自受理行政许可申请之日起二十日内作出行政许可决定。二十日内不能作出决定的，经本行政机关负责人批准，可以延长十日，并应当将延长期限的理由告知申请人。

（3）采取统一办理或者联合办理、集中办理的行政许可，办理的时间不得超过四十五日；四十五日内不能办结的，经同级人民政府负责人批准，可以延长十五日，并应当将延长期限的理由告知申请人。

期间的计算根据《中华人民共和国行政许可法》第八十二条的规定，行政许可期间的规定是指工作日，不含法定节假日。根据民事诉讼法有关期间的规定，期间以时、日、月、年计算。期间开始的时和日，不计算在期间内，而是从开始后的次时、次日起算，即从下一小时和第二日的零点开始起算。

3. 审查与决定

对申请人提出的行政许可申请，行政机关应当依法进行审查。根据《中华人民共和国行政许可法》第三十八条第一款的规定，经审查，申请人的申请符合法定条件、标准的，行政机关应当依法作出准予行政许可的书面决定。

二、 准予行政许可决定书的主要内容

1. 首部

文书的名称。在文书正上方居中写明制作的文书名称：准予行政许可决定书。

文书按照要求写明环境保护法律文书发文字号。文字号由四个部分组成：一是把单位名称中具有代表意义的两个字作制文单位简称；二是将制作的文书名称中具有代表意义的字作文书名称简称，如准予行政许可决定书简称为"许准"；三是制文年代用六角括号括起来，如〔2019〕；四是该类文书年度内制文排列序号。

2. 正文

（1）申请人名称　文书中写明准予行政许可决定书需要送达的对象。行政许可申请人为法人或组织的，写明单位名称与营业执照保持一致；行政许可申请人为公民的，注明姓名与居民身份证保持一致。

（2）申请人提出行政许可申请的事项　写明提出行政许可的时间、提出的行政许可事项，表述为："你（单位）于 ＿＿＿＿ 年 ＿＿＿＿ 月 ＿＿＿＿ 日提出的 ＿＿＿＿＿＿行政许可申请，本机关已于＿＿＿＿ 年 ＿＿＿＿ 月 ＿＿＿＿ 日受理。"

（3）行政许可审查情况　写明行政机关受理的具体时间，详述审查的具体情况，并根据审查情形写明符合法定条件或法定标准的情况，即说明准予许可的理由。

（4）准予行政许可的情形　写明准予行政许可的法律依据，引用法律、法规、规章时名称用全称，并要具体到条款。填写清楚申请人获得的具体的行政许可内容，以及行政许可的有效期，如果是长期有效的可不填有效期限。

（5）办理行政许可证件　若准予许可决定书与许可证件无法一并送达申请人，应写明办理行政许可证件的时间和地点；若准予许可决定书与许可证件一并送达申请人，可不写办理时间。

3. 尾部

（1）加盖文书制作行政机关的印章。

（2）注明文书制作的年、月、日。

三、 准予行政许可决定书的文书样式

见样式 36。

═══ 文书十二 ═══
不予行政许可决定书

一、 文书制作的基本知识

1. 适用条件

不予行政许可决定书是行政机关工作人员对行政许可申请事项审查后，认为不符合该许可事项规定要求而填写的文书。

2. 审查

对申请人提出的行政许可申请，行政机关应当依法进行审查。经审查，申请

×××生态环境厅（局）
准予行政许可决定书

_____ 许准〔 〕 号

申请人单位名称（或者个人姓名）：

你（单位）于 _____ 年 _____ 月 _____ 日提出的_____
行政许可申请，本机关已于 _____ 年 _____ 月 _____ 日受理。经审查，
（审查情况和准予许可的理由）。本机关依据（法律依据名称及条、款、项具
体内容）和《中华人民共和国行政许可法》第三十八条第一款的规定，决定
准予你（单位）取得行政许可，有效期自 _____ 年 _____ 月 _____ 日至
_____ 年 _____ 月 _____ 日（长期有效的可不填有效期限）。

请你（单位）于 _____ 年 _____ 月 _____ 日持本决定，到
_____办理（领取）行政许可证件。

行政机关印章
年 月 日

人的申请不符合法定条件、标准的，行政机关应当依法作出不予行政许可的书面决定。

3. 救济

根据《中华人民共和国行政许可法》第三十八条第二款的规定，行政机关依法作出不予行政许可的书面决定的，应当说明理由，并告知申请人享有依法申请行政复议或者提起行政诉讼的权利，加盖公章。申请人提交的申请材料应留存一套申请材料以备行政复议或行政诉讼之需要。

二、 不予行政许可决定书的主要内容

1. 首部

文书的名称。在文书正上方居中写明制作的文书名称：不予行政许可决定书。

文书按照要求写明环境保护法律文书发文字号。文字号由四个部分组成：一是把单位名称中具有代表意义的两个字作制文单位简称；二是将制作的文书名称中具有代表意义的字作文书名称简称，如不予行政许可决定书简称为"许不予决"；三是制文年代用六角括号括起来，如〔2019〕；四是该类文书年度内制文排列序号。

2. 正文

（1）申请人名称　文书中写明不予准予行政许可决定书需要送达的对象。行政许可申请人为法人或组织的，写明单位名称与营业执照保持一致；行政许可申请人为公民的，注明姓名与居民身份证保持一致。

（2）申请人提出行政许可申请的事项　写明提出行政许可的时间、提出的行政许可事项，表述为："你（单位）于 _____ 年 _____ 月 _____ 日提出的 _____行政许可申请，本机关已于 _____ 年 _____ 月 _____ 日受理。"

（3）行政许可审查情况　写明行政机关受理的具体时间，详述审查的具体情况，并根据审查情形写明不符合法定条件或法定标准的情况，即说明不准予许可的理由。

（4）不准予行政许可的情形　写明不准予行政许可的法律依据，引用法律、法规、规章时名称用全称，要具体到条款。填写清楚不予批准申请人获得的具体的行政许可内容。

（5）救济途径和期限　如对不予行政许可决定书不服，可以自收到决定书之日起六十日内，当事人可以选择向该部门的同级人民政府申请行政复议，也可以选择向上一级生态环境主管部门提起行政复议；或者当事人可以自收到决定书之

日起六个月内向作出行政行为的行政机关所在地人民法院提起行政诉讼。行政复议和行政诉讼是两种最常用的救济自己权利的途径。

3. 尾部

（1）加盖文书制作行政机关的印章。

（2）注明文书制作的年、月、日。

三、 不予行政许可决定书的文书样式

见样式 37。

═══ 文书十三 ═══
行政许可延续决定书

一、 文书制作的基本知识

1. 适用条件

行政许可延续决定书主要用于当事人申请许可延期的情形。行政许可延续是指被许可人取得的行政许可即将到期，可以在有效期内向作出行政许可决定的行政机关提出申请延续行政许可。

2. 申请

被许可人要求延续行政许可事项的，应当向作出行政许可决定的行政机关提出延续申请。

3. 期限

提出申请延续的时间，应当在该行政许可有效期届满三十日前提出。

4. 审查与决定

对被许可人提出的延续行政许可的申请，行政机关应当依法进行审查，并在该行政许可有效期届满前作出是否准予延续的决定；逾期未作决定的，视为准予延续。

行政许可有效期届满被许可人未申请延续的，行政机关将依法办理有关行政

×××生态环境厅（局）
不予行政许可决定书

　　　　　　　　　　　　　　_____ 许不予决〔 〕 号

申请人单位名称（或者个人姓名）：

　　你（单位）于 _____ 年 _____ 月 _____ 日提出的_____
行政许可申请，本机关已于 _____ 年 _____ 月 _____ 日受理。经审查，
（审查情况和不准予许可的理由）。本机关依据（法律依据名称及条、款、项
具体内容）和《中华人民共和国行政许可法》第三十八条第二款的规定，决
定不予批准你（单位）取得_____行政许可。

　　你（单位）如不服本决定，可以自收到本决定书之日起六十日内向 _____
或者 _____ 申请行政复议，也可以自收到本决定书之日起六个月内依法直接向
_____人民法院提起行政诉讼。

　　　　　　　　　　　　　　　　　　　　　　　行政机关印章
　　　　　　　　　　　　　　　　　　　　　　　　年 月 日

许可的注销手续。

二、 行政许可延续决定书的主要内容

1. 首部

文书的名称。在文书正上方居中写明制作的文书名称：行政许可延续决定书。

文书居右按照要求写明文字号。文字号一般由四个部分组成：一是把单位名称中具有代表意义的两个字作制文单位简称；二是文书名称简称，通常是将制作的文书名称中具有代表意义的字作简称，如本文书行政许可延续决定书简称为"许延决"；三是制文年代，通常只写××××年，并用六角括号括起来；四是该类文书年度内制文排列序号。

2. 正文

（1）申请人名称　文书中写明行政许可延续决定书需要送达的对象。延续行政许可申请人为法人或组织的，写明单位名称，与营业执照保持一致；延续行政许可申请人为公民的，注明姓名，与居民身份证保持一致。

（2）申请人提出行政许可延续申请的事项　写明提出行政许可延续的时间、提出的延续行政许可事项，并注明原许可证编号。表述为："你（单位）于_____年_____月_____日提出的_____（原许可证编号：_____）行政许可延续申请，本机关已于_____年_____月_____日受理"。

（3）行政许可延期申请审查情况　写明行政机关受理延期申请的具体时间，并详述审查的具体情况，并根据审查情形写明提出的延期申请符合法定条件或法定标准的情况，即说明准予延续许可的理由。

（4）准予延续行政许可的情形　写明准予延续行政许可的法律依据，引用法律、法规、规章时名称用全称，并要具体到条款。并填写清楚申请人延续的具体的行政许可内容，以及延续的行政许可的期限，如果是长期有效的可不填有效期限。

（5）办理行政许可证件　若准予延续许可决定书与延续的许可证件无法一并送达申请人，应写明领取行政许可证件的时间和地点；若准予许可决定书与许可证件一并送达申请人，可不写办理时间。

3. 尾部

（1）加盖文书制作行政机关的印章。

（2）注明文书制作的年、月、日。

三、 行政许可延续决定书的文书样式

见样式38。

×××生态环境厅（局）
行政许可延续决定书

_____ 许延决〔 　〕　 号

申请人单位名称（或者个人姓名）：

　　你（单位）于 _____ 年 _____ 月 _____ 日提出的 _____

（原许可证编号： _____ ）行政许可延续申请，本机关已于 _____ 年

_____ 月 _____ 日受理。经审查，（审查情况和准予延续许可的理由）。本机关

依据（法律依据名称及条、款、项具体内容）和《中华人民共和国行政许可法》

第五十条第二款的规定，决定准予延续你（单位）_____行政许

可，有效期自_____ 年 _____ 月 _____ 日至_____ 年 _____ 月 _____日（长

期有效的可不填有效期限）。

　　请你（单位）于_____ 年 _____ 月 _____ 日持本决定书和原行政许可决定书

及相关行政许可证件，到_____办理有关手续。

行政机关印章

年　月　日

=== **文书十四** ===
行政许可不准予延续决定书

一、 文书制作的基本知识

被许可人在有效期内向作出行政许可决定的行政机关提出延续行政许可申请，行政机关应在该行政许可有效期届满前作出是否准予延续的决定；逾期未作决定的，则视为准予延续。

二、 行政许可不准予延续决定书的主要内容

1. 首部

文书的名称。在文书正上方居中写明制作的文书名称：行政许可不准予延续决定书。

文书居右按照要求写明文字号。文字号一般由四个部分组成：一是把单位名称中具有代表意义的两个字作制文单位简称二是文书名称简称，通常是将制作的文书名称中具有代表意义的字作简称，如行政许可不准予延续决定书简称为"许不延决"；三是制文年代，通常只写××××年，并用六角括号括起来；四是该类文书年度内制文排列序号。

2. 正文

（1）申请人名称　文书中写明行政许可不准予延续决定书需要送达的对象。申请人为法人或组织的，写明单位名称，与营业执照保持一致；申请人为公民的，注明姓名，与居民身份证保持一致。

（2）申请人提出行政许可延续申请的事项　写明提出行政许可延续的时间、提出的延续行政许可事项，并注明原许可证编号。表述为　"你（单位）于＿＿＿＿＿年＿＿＿＿＿月＿＿＿＿＿日提出的＿＿＿＿＿＿＿（原许可证编号：＿＿＿＿＿＿＿）行政许可延续申请，本机关已于＿＿＿＿＿年＿＿＿＿＿月＿＿＿＿＿日受理。"

（3）申请审查情况　写明行政机关受理延续申请的具体时间，并详述审查的具体情况，并根据审查情形写明不符合法定条件或法定标准的情况，即说明不准

予延续许可的理由。

（4）不准予延续行政许可的情形　写明不准予延续行政许可的法律依据，引用法律、法规、规章时名称用全称，要具体到条款。填写清楚不准予申请人延续的具体的行政许可内容。

（5）救济途径和期限　如申请人对行政许可不准予延续决定书不服，可以自收到决定书之日起六十日内，选择向该部门的同级人民政府申请行政复议，也可以选择向上一级生态环境主管部门提起行政复议；或者当事人可以自收到决定书之日起六个月内向作出行政行为的行政机关所在地人民法院提起行政诉讼。行政复议和行政诉讼是两种最常用的救济自己权利的途径。

3. 尾部

（1）加盖文书制作行政机关的印章。

（2）注明文书制作的年、月、日。

三、　行政许可不准予延续决定书的文书样式

见样式 39。

═══ 文书十五 ═══
行政许可变更决定书
（用于当事人申请变更情形）

一、　文书制作的基本知识

1. 适用条件

该行政许可变更决定书主要用于当事人申请变更的情形。行政许可变更是指被许可人在取得行政许可后，因其拟从事的活动的部分内容超出准予行政许可决定或者行政许可证件规定的活动范围，而申请机关对原行政许可准予其从事的活动的相应内容予以改变。如果申请人拟从事的活动，依法属于需要取得另一行政许可的范围，公民、法人或者其他组织应当重新申请行政许可，而不能变更行政许可。

样式39

×××生态环境厅(局)
行政许可不准予延续决定书

_____ 许不延决〔 〕 号

申请人单位名称(或者个人姓名):

你(单位)于 _____ 年 _____ 月 _____ 日提出的 _____
(原许可证编号: _____)行政许可延续申请,本机关已于 _____ 年
_____ 月 _____ 日受理。经审查,(审查情况和不予延续许可的理由)。本
机关依据(法律依据名称及条、款、项具体内容)和《中华人民共和国行政许
可法》第五十条第二款的规定,决定不予延续你(单位)行政许可。

你(单位)如不服本决定,可以自收到本决定书之日起六十日内向 _____
或者 _____ 申请行政复议,也可以自收到本决定书之日起六个月内依法直接向
_____ 人民法院提起行政诉讼。

行政机关印章

年 月 日

2. 申请

被许可人要求变更行政许可事项的，应当向作出行政许可决定的行政机关提出变更申请。

3. 审查与决定

对被许可人提出的变更行政许可的申请，行政机关应当依法进行审查。经审查，认为被许可人提出的申请符合法定条件、标准的，行政机关应当依法办理变更手续。

为便于申请人变更行政许可，行政机关应当事前公布有关变更行政许可的条件和程序，以便申请人能够及时履行必要的手续，避免使合法权益遭受不必要的损害。

二、 行政许可变更决定书的主要内容

1. 首部

文书的名称。在文书正上方居中写明制作的文书名称：行政许可变更决定书。

文书居右按照要求写明文字号。文字号一般由四个部分组成：一是把单位名称中具有代表意义的两个字作制文单位简称；二是文书名称简称，通常是将制作的义书名称中具有代表意义的字作简称，如行政许可变更决定书简称为"许变决"；三是制文年代，通常只写××××年，并用六角括号括起来；四是该类文书年度内制文排列序号。

2. 正文

（1）申请人名称 文书中写明行政许可变更决定书需要送达的对象。行政许可变更申请人为法人或组织的，写明单位名称，与营业执照保持一致；行政许可变更申请人为公民的，注明姓名，与居民身份证保持一致。

（2）申请人提出行政许可变更申请的事项 写明申请人提出变更行政许可申请的时间，提出的变更行政许可事项，并注明原许可证编号。表述为："你（单位）于 ＿＿＿年 ＿＿＿＿月 ＿＿＿＿日提山的＿＿＿＿（原许叮证编号：＿＿＿＿）行政许可变更申请，本机关已于＿＿＿＿ 年 ＿＿＿＿月 ＿＿＿＿日受理。"

（3）行政许可变更申请审查情况 写明行政机关受理变更申请的具体时间，详述审查的具体情况，并根据审查情形写明符合法定条件或法定标准的情况，即说明准予变更许可的理由。

（4）准予变更行政许可的情形 写明准予变更行政许可的法律依据，引用法律、法规、规章时名称用全称，并要具体到条款。并填写清楚对已经取得的行政

许可事项作出变更的具体内容。

（5）办理变更后的行政许可证件　明确写明办理变更后行政许可证件的时间和地点；并按要求携带本行政许可变更决定书和原行政许可决定书及相关行政许可证件等相关文件。

3. 尾部

（1）加盖文书制作行政机关的印章。

（2）注明文书制作的年、月、日。

三、 行政许可变更决定书的文书样式

见样式 40。

文书十六
行政许可变更决定书
（用于行政许可机关职权变更情形）

一、 文书制作的基本知识

1. 适用条件

该行政许可变更决定书主要用于行政许可机关依职权变更的情形。行政机关原则上不得擅自改变公民、法人或者其他组织依法已经取得的行政许可，已经生效的行政许可受法律保护。

行政许可变更是指被许可人在取得行政许可后，因发生需要变更已经生效的行政许可的情形，行政机关依法变更已经生效的行政许可。

2. 行政许可机关依职权变更的情形

行政许可机关可以依职权变更已经生效的行政许可的情形：①行政许可所依据的法律、法规、规章修改或者废止；②准予行政许可所依据的客观情况发生重大变化的；③为了公共利益的需要。

3. 补偿

行政机关依法变更已经生效的行政许可，由此给公民、法人或者其他组织造成财产损失的，行政机关应当依法给予补偿。

×××生态环境厅（局）

行政许可变更决定书

（用于当事人申请变更情形）

_____ 许变决〔 〕 号

申请人单位名称（或者个人姓名）：

你（单位）于 _____ 年 _____ 月 _____ 日提出的 _____

（原许可证编号： _____ ）行政许可变更申请，本机关已于 _____ 年

_____ 月 _____ 日受理。经审查，（审查情况和准予变更许可的理由）。本

机关依据（法律依据名称及条、款、项具体内容）和《中华人民共和国行政许

可法》第四十九条的规定，现决定对你（单位）已取得的（行政许可事项名

称）作如下变更：

（变更的具体内容）

_____

_____。

请于 _____ 年 _____ 月 _____ 日持本决定和原行政许可决定书及相关行

政许可证件，到 _____ 办理有关手续。

行政机关印章

年 月 日

二、 行政许可变更决定书的主要内容

1. 首部

文书的名称。在文书正上方居中写明制作的文书名称：行政许可变更决定书。

文书居右按照要求写明文字号。文字号一般由四个部分组成：一是把单位名称中具有代表意义的两个字作制文单位简称，二是文书名称简称，通常是将制作的文书名称中具有代表意义的字作简称，如行政许可变更决定书简称为"许变决"；三是制文年代，通常只写××××年，并用六角括号括起来；四是该类文书年度内制文排列序号。

2. 正文

（1）申请人名称　文书中写明行政许可变更决定书需要送达的对象。行政许可申请人为法人或组织的，写明单位名称，与营业执照保持一致；行政许可申请人为公民的，注明姓名，与居民身份证保持一致。

（2）申请人获得行政许可的事项　写明申请人获得行政许可的时间以及取得的行政许可事项，并注明原许可证编号。表述为："你（单位）于 _____ 年 _____ 月 _____ 日取得的 _____（原许可证编号：_____）行政许可"。

（3）行政许可变更审查情况　详述行政机关审查的具体情况，并根据审查情形写明变更行政许可的具体理由。

（4）变更行政许可的情形　写明行政机关依法变更行政许可的法律依据，引用法律时名称用全称，并要具体到条款。填写清楚对已经取得的行政许可事项作出变更的具体内容。

（5）补偿问题　行政机关如果变更行政许可而给公民、法人或者其他组织造成财产损失的，应当依法给予补偿。

（6）办理变更后的行政许可证件　明确写明办理变更后行政许可证件的时间和地点，并按要求携带本行政许可变更决定书和原行政许可决定书及相关行政许可证件等相关文件。

（7）救济途径和期限　如申请人对行政许可变更决定书不服，可以自收到决定书之日起六十日内，选择向该部门的同级人民政府申请行政复议，也可以选择向上一级生态环境主管部门提起行政复议；或者当事人可以自收到决定书之日起六个月内向作出行政行为的行政机关所在地人民法院提起行政诉讼。行政复议和行政诉讼是两种最常用的救济自己权利的途径。

3. 尾部

（1）加盖文书制作行政机关的印章。

（2）注明文书制作的年、月、日。

三、 行政许可变更决定书的文书样式

见样式41。

═══ **文书十七** ═══
行政许可不准予变更决定书

一、 文书制作的基本知识

被许可人向作出行政许可决定的行政机关提出变更行政许可事项的申请，经过审查行政机关认定该变更申请不符合法定条件、标准的，行政机关应当作出行政许可不准予变更决定书。

二、 行政许可不准予变更决定书的主要内容

1. 首部

文书的名称。在文书正上方居中写明制作的文书名称：行政许可不准予变更决定书。

文书居右按照要求写明文字号。文字号一般由四个部分组成：一是把单位名称中具有代表意义的两个字作制文单位简称；二是文书名称简称，通常是将制作的文书名称中具有代表意义的字作简称，如行政许可不准予变更决定书简称为"许不变决"；三是制文年代，通常只写××××年，并用六角括号括起来；四是该类文书年度内制文排列序号。

2. 正文

（1）申请人名称 文书中写明行政许可不准予变更决定书需要送达的对象。申请人为法人或组织的，写明单位名称，与营业执照保持一致；申请人为公民的，注明姓名，与居民身份证保持一致。

（2）申请人提出行政许可变更申请的事项 写明申请人提出变更行政许可申请的时间、提出的变更行政许可事项，并注明原许可证编号。表述为："你（单

样式41

×××生态环境厅（局）
行政许可变更决定书
（用于行政许可机关职权变更情形）

_____ 许变决〔 〕 号

申请人单位名称（或者个人姓名）：

你（单位）于 _____ 年 _____ 月 _____ 日取得的 _____

（原许可证编号： _____ ）行政许可，本机关在审查中发现：（审查情况

和变更许可的理由）。本机关依据（法律依据名称及条、款、项具体内容）

和《中华人民共和国行政许可法》 第八条第二款的规定， 现决定对你（单位）

已取得的（行政许可事项名称） 作如下变更：

（变更的具体内容） _____

_____。

补偿问题： _____

_____。

你（单位）请于 _____ 年 _____ 月 _____ 日持本决定和原行政许可决定

书及相关行政许可证件，到_____办理有关手续。

你（单位）如不服本决定，可以自收到本决定书之日起六十日内向 _____

或者 _____ 申请行政复议，也可以自收到本决定书之日起六个月内依法直接向

_____人民法院提起行政诉讼。

行政机关印章

年 月 日

位）于 ＿＿＿＿ 年 ＿＿＿＿ 月 ＿＿＿＿ 日提出的 ＿＿＿＿＿（原许可证编号：
＿＿＿＿＿）行政许可变更申请，本机关已于 ＿＿＿＿ 年 ＿＿＿＿ 月 ＿＿＿＿ 日受理。"

（3）行政许可变更申请审查情况　写明行政机关受理变更申请的具体时间，
并详述审查的具体情况，并根据审查情形写明不符合法定条件或法定标准的情
况，即说明不准予变更行政许可的理由。

（4）不准予变更行政许可的情形　写明不准予变更行政许可的法律依据，引
用法律、法规、规章时名称用全称，并要具体到条款。写明不准予变更的具体的
行政许可内容。

（5）救济途径和期限　如申请人对行政许可不准予变更决定书不服，可以自
收到决定书之日起六十日内，选择向该部门的同级人民政府申请行政复议，也可
以选择向上一级生态环境主管部门提起行政复议；或者当事人可以自收到决定书
之日起六个月内向作出行政行为的行政机关所在地人民法院提起行政诉讼。行政
复议和行政诉讼是两种最常用的救济自己权利的途径。

3. 尾部

（1）加盖文书制作行政机关的印章。

（2）注明文书制作的年、月、日。

三、 行政许可不准予变更决定书的文书样式

见样式 42。

═══ 文书十八 ═══
行政许可撤回决定书

一、 文书制作的基本知识

1. 适用规则

行政许可撤回是行政机关基于公共利益的需要收回已经颁发的行政许可的情
形。适用前提是相对人取得行政许可合法。

撤回已经生效的行政许可的情形：

样式42

×××生态环境厅（局）
行政许可不准予变更决定书

_____ 许不变决〔 〕 号

申请人单位名称（或者个人名称）：

你（单位）于 _____ 年 _____ 月 _____ 日提出的 _____

_____（原许可证编号： _____）行政许可变更申请，本

机关已于 _____ 年 _____ 月 _____ 日受理。经审查，（审查情况和不准予变

更许可的理由）。本机关根据（法律依据名称及条、款、项具体内容）和

《中华人民共和国行政许可法》第四十九条的规定，决定不准予变更你（单

位）_____行政许可。

你（单位）如不服本决定，可以自收到本决定书之日起六十日内向 _____

或者 _____ 申请行政复议，也可以自收到本决定书之日起六个月内依法直接向

_____人民法院提起行政诉讼。

行政机关印章
年 月 日

① 行政许可所依据的法律、法规、规章修改或者废止；

② 准予行政许可所依据的客观情况发生重大变化的；

③ 为了公共利益的需要。

2. 撤回形式

撤回行政许可，行政机关应当作出书面决定，说明撤回行政许可的法律依据或者事实基础。

3. 注销和补偿

行政许可依法被撤回的，行政机关应当依法办理有关行政许可的注销手续。

撤回行政许可对公民、法人或其他组织造成财产损失的，作出撤回行政许可决定的行政机关应当依法予以补偿。

二、 行政许可撤回决定书的主要内容

1. 首部

文书的名称。在文书正上方居中写明制作的文书名称：行政许可撤回决定书。

文书居右按照要求写明文字号。文字号一般由四个部分组成：一是把单位名称中具有代表意义的两个字作制文单位简称；二是文书名称简称，通常是将制作的文书名称中具有代表意义的字作简称，如本文书行政许可撤回决定书简称为"许撤回决"；三是制文年代，通常只写××××年，并用六角括号括起来；四是该类文书年度内制文排列序号。

2. 正文

（1）申请人名称　文书中写明行政许可撤回决定书需要送达的对象。行政许可撤回需要送达的对象为法人或组织的，写明单位名称，与营业执照保持一致；行政许可撤回需要送达的对象为公民的，注明姓名，与居民身份证保持一致。

（2）申请人获取行政许可的事项　写明相关当事人取得行政许可的时间，以及行政许可的具体事项，并注明原许可证编号。表述为："你（单位）于_____ 年 _____ 月 _____ 日取得的_____（原许可证编号：_____）行政许可"。

（3）行政许可撤回事项的审查情况　详述行政机关审查的具体情况，写明依法应当予以撤回的具体理由。

（4）撤回行政许可的事项　写明撤回行政许可的法律依据，引用法律、法规、规章时名称用全称，并要具体到条款。明确决定撤回的具体行政许可内容。

（5）补偿问题　行政机关如果撤回行政许可而给公民、法人或者其他组织造

成财产损失的，应当依法给予补偿。

（6）撤回行政许可的相关手续　明确写明办理撤回行政许可的相关手续的时间和地点；并按要求携带本行政许可撤回决定书和原行政许可决定书及相关行政许可证件等相关文件。

（7）救济途径和期限。如申请人对行政许可撤回决定书不服，可以自收到决定书之日起六十日内，选择向该部门的同级人民政府申请行政复议，也可以选择向上一级生态环境主管部门提起行政复议；或者当事人可以自收到决定书之日起六个月内向作出行政行为的行政机关所在地人民法院提起行政诉讼。行政复议和行政诉讼是两种最常用的救济自己权利的途径。

3. 尾部

（1）加盖文书制作行政机关的印章。

（2）注明文书制作的年、月、日。

三、 行政许可撤回决定书的文书样式

见样式 43。

═══ 文书十九 ═══
行政许可撤销决定书

一、 文书制作的基本知识

行政许可的撤销，是指由于行政许可具有瑕疵，因而需要纠正，以使法律关系恢复原来的状态。这种情况既有可能是申请人有违法行为，也有可能是行政机关及其工作人员违法。

1. 撤销行政许可的情形

根据《中华人民共和国行政许可法》第六十九条规定，可以撤销行政许可的情形：

（1）行政机关工作人员滥用职权、玩忽职守作出准予行政许可决定的；

（2）超越法定职权作出准予行政许可决定的；

×××生态环境厅（局）
行政许可撤回决定书

_____ 许撤回决〔 〕 号

申请人单位名称（或者个人名称）：

你（单位）于 _____ 年 _____ 月 _____ 日取得的 _____

（原许可证编号：_____）行政许可，本机关在审查中发现：

_____ 。根据（法律依据名称及条、款、项具体内容）和《中华人民

共和国行政许可法》第八条第二款的规定，现决定撤回你（单位）已取得的

（行政许可事项名称）。

补偿问题：_____

_____ 。

请你（单位）于 _____ 年 _____ 月 _____ 日前，持本决定书和原行政

许可决定书及相关行政许可证件到（办理地点）办理有关手续；逾期未办理

的，本机关将公告注销原行政许可证件。

你（单位）如不服本决定，可以自收到本决定书之日起六十日内向 _____

或者 _____ 申请行政复议，也可以自收到本决定书之日起六个月内依法直接向

_____ 人民法院提起行政诉讼。

行政机关印章

年 月 日

（3）违反法定程序作出准予行政许可决定的；

（4）对不具备申请资格或者不符合法定条件的申请人准予行政许可的；

（5）依法可以撤销行政许可的其他情形。被许可人的合法权益受到损害的，行政机关应当依法给予赔偿。

被许可人以欺骗、贿赂等不正当手段取得行政许可的，应当予以撤销。依此撤销行政许可的，被许可人基于行政许可取得的利益不受保护。

2. 撤销行政许可的方式

（1）利害关系人请求撤销行政许可。

（2）作出行政许可决定的行政机关或者其上级行政机关依据职权撤销行政许可。

3. 撤销行政许可的形式

撤销行政许可，行政机关应当作出书面决定，并告知被许可人撤销行政许可的法律依据和事实基础。但如果撤销行政许可可能对公共利益造成重大损害，则不予撤销。

4. 行政许可被撤销的后果

（1）被撤销的行政许可，从成立时起即丧失效力。

（2）被许可人的合法权益因撤销行政许可受到损害的，行政机关应当依法给予赔偿；但被许可人基于欺骗、贿赂取得的行政许可被撤销的，其利益不受保护。

二、 行政许可撤销决定书的主要内容

1. 首部

文书的名称。在文书正上方居中写明制作的文书名称：行政许可撤销决定书。

文书居右按照要求写明文字号。文字号一般由四个部分组成：一是把单位名称中具有代表意义的两个字作制文单位简称；二是文书名称简称，通常是将制作的文书名称中具有代表意义的字作简称，如行政许可撤销决定书简称为"许撤销"；三是制文年代，通常只写××××年，并用六角括号括起来；四是该类文书年度内制文排列序号。

2. 正文

（1）被许可人名称　文书中写明行政许可撤销决定书需要送达的对象。撤销行政许可决定送达的对象为法人或组织的，写明单位名称，与营业执照保持一致；撤销行政许可决定送达的对象为公民的，注明姓名，与居民身份证保持一致。

（2）被许可人获取行政许可的事项　写明相关当事人取得行政许可的时间，以及行政许可的具体事项，并注明原许可证编号。表述为："你（单位）于 ＿＿＿＿ 年

_____ 月 _____ 日取得的_____（许可证编号：_____）行政许可"。

（3）行政许可撤销事项的审查情况　详述行政机关审查的具体情况，写明依法应当予以撤销的具体情形和理由。

（4）撤销行政许可的事项。写明撤销行政许可的法律依据，引用法律、法规、规章时名称用全称，要具体到条款。明确决定撤销的具体行政许可内容。

（5）赔偿问题　行政机关如果依《中华人民共和国行政许可法》第六十九条第一款规定的情形撤销行政许可，被许可人的合法权益受到损害的，行政机关应当依法给予赔偿。

（6）撤销行政许可的相关手续　明确写明办理撤销行政许可的相关手续的时间和地点；并按要求携带本行政许可撤销决定书和原行政许可决定书及相关行政许可证件等相关文件。

（7）救济途径和期限　如申请人对行政许可撤销决定书不服，可以自收到决定书之日起六十日内，选择向该部门的同级人民政府申请行政复议，也可以选择向上一级生态环境主管部门提起行政复议；或者当事人可以自收到决定书之日起六个月内向作出行政行为的行政机关所在地人民法院提起行政诉讼。行政复议和行政诉讼是两种最常用的救济自己权利的途径。

3. 尾部

（1）加盖文书制作行政机关的印章。

（2）注明文书制作的年、月、日。

三、 行政许可撤销决定书的文书样式

见样式 44。

--- 文书二十 ---
行政许可注销决定书

一、 文书制作的基本知识

1. 注销行政许可的情形

根据《中华人民共和国行政许可法》第七十条规定，有下列情形之一的，行

政机关应当依法

×××生态环境厅（局）
行政许可撤销决定书

_____ 许撤销〔　〕　号

（被许可人姓名或名称）：

你（单位）于 _____ 年 _____ 月 _____ 日取得的 _____
（许可证编号：_____）行政许可，（依法应予撤销的具体情形和理由）。
根据《中华人民共和国行政许可法》第六十九条第 _____ 款第（_____）项和
（法律依据名称及条、款、项具体内容）的规定，本机关决定撤销你（单位）
的行政许可。

　　赔偿问题：_____

_____。

　　请你（单位）于 _____ 年 _____ 月 _____ 日前，持本决定书和原行政
许可决定书及相关行政许可证件到（办理地点）办理有关手续；逾期未办理
的，本机关将公告注销原行政许可证件。

　　你（单位）如不服本决定，可以自收到本决定书之日起六十日内向 _____
或者 _____ 申请行政复议，也可以自收到本决定书之日起六个月内依法直接向
_____人民法院提起行政诉讼。

行政机关印章
年　月　日

办理有关行政许可的注销手续：

（1）行政许可有效期届满未延续的；

（2）赋予公民特定资格的行政许可，该公民死亡或者丧失行为能力的；

（3）法人或者其他组织依法终止的；

（4）行政许可依法被撤销、撤回，或者行政许可证件依法被吊销的；

（5）因不可抗力导致行政许可事项无法实施的；

（6）法律、法规规定的应当注销行政许可的其他情形。

2. 注销的方式

注销方式包括：收回证件、加注发还、公告注销。

注销行政许可，行政机关应当说明理由，收回行政许可证件或者予以公告。

行政许可通常是行政主体对行政相对人申请的某种特定事项的资格进行审查认证，如果行政许可行为的作出是违法的，损害了公共利益，那么就应该撤销。而注销则大多是因为客观原因导致行政被许可人丧失了许可资格或者从事特定事项的能力，留着许可资格也没有用。

二、 行政许可注销决定书的主要内容

1. 首部

文书的名称。在文书正上方居中写明制作的文书名称：行政许可注销决定书。

文书居右按照要求写明文字号。文字号一般由四个部分组成：一是把单位名称中具有代表意义的两个字作制文单位简称；二是文书名称简称，通常是将制作的文书名称中具有代表意义的字作简称，如行政许可注销决定书简称为"许注销"；三是制文年代，通常只写××××年，并用六角括号括起来；四是该类文书年度内制文排列序号。

2. 正文

（1）被许可人名称　文书中写明行政许可注销决定书需要送达的对象。注销行政许可决定送达的对象为法人或组织的，写明单位名称，与营业执照保持一致；注销行政许可决定送达的对象为公民的，注明姓名，与居民身份证保持一致。

（2）被许可人获取行政许可的事项　写明相关当事人取得行政许可的时间，以及行政许可的具体事项，并注明原许可证编号。表述为："你（单位）于 _____ 年 _____ 月 _____ 日取得的_____（许可证编号：_____）行政许可"。

（3）行政许可注销事项的审查情况　详述行政机关审查的具体情况，写明依

法应当予以注销的具体情形和理由。

（4）注销行政许可的事项　写明注销行政许可的法律依据，引用法律、法规、规章时名称用全称，要具体到条款。明确决定注销的具体行政许可内容。

（5）救济途径和期限　如被许可人对行政许可注销决定书不服，可以自收到决定书之日起六十日内通过提起行政复议或者六个月内提起行政诉讼两种途径救济自己的权利。

3. 尾部

（1）加盖文书制作行政机关的印章。

（2）注明文书制作的年、月、日。

三、 行政许可注销决定书的文书样式

见样式 45。

═══ 文书二十一 ═══
行政许可送达回证

一、 文书制作的基本知识

送达回证是证明行政许可文件已经送达申请人的凭证。为了在发生争议时有据可查，所以要求送达行政许可文件必须有送达回证，由受送达人在送达回证上记明收到日期，签名或者盖章。

1. 直接送达

送达行政许可文书，应当直接送交受送达人。受送达人是公民的，本人不在交他的同住成年家属签收；受送达人是法人或者其他组织的，应当由法人的法定代表人、其他组织的主要负责人或者该法人、组织负责收件的人签收；受送达人有代理人的，可以送交其代理人签收；受送达人已向相关部门指定代收人的，送交代收人签收。

受送达人的同住成年家属，法人或者其他组织的负责收件的人，诉讼代理人

×××生态环境厅（局）
行政许可注销决定书

_____ 许注销〔 〕 号

被许可人名称或姓名：

你（单位）于 _____ 年 _____ 月 _____ 日取得的 _____

（原许可证编号： _____ ）行政许可，（依法应予注销的具体情形和理

由）。根据《中华人民共和国行政许可法》第七十条第 _____ 项规定，本机

关决定注销你（单位）（行政许可事项名称）的行政许可。

你（单位）如不服本决定，可以自收到本决定书之日起六十日内向 _____

或者 _____ 申请行政复议，也可以自收到本决定书之日起六个月内依法直接向

_____ 人民法院提起行政诉讼。

行政机关印章

年 月 日

或者代收人在送达回证上签收的日期为送达日期。

2. 留置送达

受送达人或者他的同住成年家属拒绝接收行政许可文书的，送达人应当邀请有关基层组织或者所在单位的代表到场，说明情况，在送达回证上记明拒收事由和日期，由送达人、见证人签名或者盖章，把行政文书留在受送达人的住所，并在备注栏中附注说明，即视为送达。

二、 行政许可送达回证的主要内容

1. 首部

文书的名称。在文书正上方居中写明制作的文书名称：行政许可送达回证。

2. 正文

（1）受送达人　与送达文书保持一致，受送达人为法人或其他组织的，应使用全称；受送达人名称或姓名，应与案件当事人一致。

（2）送达地点　写明具体的送达地点信息。

（3）案由　案由书写形式可统一表达为："涉嫌＋具体违法行为类别＋案"。书写案由的关键是确定违法行为和违法行为种类，案由中的违法行为应当从法律条文中予以提取并归纳。

（4）送达文书名称和文字号　文书中写明送达的文书名称和文字号

（5）受送达人签名　收件人签名并注明收件日期。当事人以外的其他人代收的，注明与当事人关系。当事人拒收的，注明拒收情况，并请见证人签名。另送达人栏应有两名以上送达人在送达回证上签名。

三、 行政许可送达回证的文书样式

见样式 46。

文书二十二
行政许可结案报告

一、 文书制作的基本知识

结案报告是行政许可事项完结之后写的书面工作报告，总结行政许可完成过

×××生态环境厅（局）
行政许可送达回证

受送达人			
送达地点			
案由			
送达文书名称	文字号	收到时间	受送达人签名或盖章
送达人			
备注			

程中的经验教训与心得，也是考查行政许可的重要依据，是全面展示行政许可工作的文书。在撰写结案报告过程中，应当认真回顾办理行政诉讼活动的全过程，从而提高办理水平。

二、 行政许可结案报告的主要内容

1. 首部

文书的名称。在文书正上方居中写明制作的文书名称：行政许可结案报告。

2. 正文

（1）申请人信息　根据实际情况填写，申请人为法人或组织的，写明已经掌握的单位名称、法定代表人姓名、住址以及电话，以上信息应当与营业执照保持一致；申请人为公民的，写明姓名、居民身份证号码、所在单位以及电话，以上信息应与居民身份证一致。

（2）行政许可相关内容　写明办理的具体行政许可事项。

标明具体的办理内容，是属于行政许可的初次申请、延续行政许可、变更行政许可、撤回行政许可、撤销行政许可以及注销行政许可的相关事项。

行政许可文书名称、文书文号以及发文日期。

行政许可证书名称以及证书编号，对于许可的内容进行简要介绍。

写明对行政许可事项的审查情况、说明决定的内容以及理由。根据《中华人民共和国行政许可法》第三十四条第三款规定，根据法定条件和程序，需要对申请材料的实质内容进行核实的，行政机关应当指派两名以上工作人员进行核查。该法第三十八条规定，申请人的申请符合法定条件、标准的，行政机关应当依法作出准予行政许可的书面决定。行政机关依法作出不予行政许可的书面决定的，应当说明理由，并告知申请人享有依法申请行政复议或者提起行政诉讼的权利。

注明结案的具体方式。

（3）意见处理　行政许可承办人意见，明确承办人建议或不建议结案的意见、签名及日期。

行政许可承办机构负责人意见，明确承办机构负责人同意或不同意结案的审核意见、签名及日期。

行政许可机关负责人意见，明确行政许可机关负责人同意或不同意结案的审批意见、签名及日期。

三、 行政许可结案报告的文书样式

见样式 47。

样式47

×××生态环境厅（局）
行政许可结案报告

单位：（公章）

	单位名称		法定代表人	
申请人 （被许可人）	住　　址		电　　话	
	个人姓名		居民身份证号码	
	所在单位		电　　话	
行政许可事项				
办理内容	□初次申请　□延续　□变更　□撤回　□撤销　□注销			
行政许可 文书文号		发文日期		年　月　日
行政许可证书编 号、内容摘要				
审查情况、理 由及决定内容				
结案方式	□自动履行　□复议结案　□诉讼结案			
行政许可 承办人意见	承办人签名：　　年　月　日			
行政许可承办机 构负责人意见	负责人签名：　　年　月　日			
行政许可机关 负责人意见	负责人签名：　　年　月　日			

第三章

环境行政复议文书

═══ **文书一** ═══
行政复议申请书

一、 文书制作的基本知识

行政复议申请书，是指公民、法人或者其他组织认为具体行政行为侵犯其合法权益时，向行政机关提出行政复议请求的法律文书。

1. 行政复议范围

根据《中华人民共和国行政复议法》第六条的规定，有下列情形之一的，公民、法人或者其他组织可以依照本法申请行政复议：

（1）对行政机关作出的警告、罚款、没收违法所得、没收非法财物、责令停产停业、暂扣或者吊销许可证、暂扣或者吊销执照、行政拘留等行政处罚决定不服的；

（2）对行政机关作出的限制人身自由或者查封、扣押、冻结财产等行政强制措施决定不服的；

（3）对行政机关作出的有关许可证、执照、资质证、资格证等证书变更、中止、撤销的决定不服的；

（4）对行政机关作出的关于确认土地、矿藏、水流、森林、山岭、阜原、荒地、滩涂、海域等自然资源的所有权或者使用权的决定不服的；

（5）认为行政机关侵犯合法的经营自主权的；

（6）认为行政机关变更或者废止农业承包合同，侵犯其合法权益的；

（7）认为行政机关违法集资、征收财物、摊派费用或者违法要求履行其他义务的；

（8）认为符合法定条件，申请行政机关颁发许可证、执照、资质证、资格证等证书，或者申请行政机关审批、登记有关事项，行政机关没有依法办理的；

（9）申请行政机关履行保护人身权利、财产权利、受教育权利的法定职责，行政机关没有依法履行的；

（10）申请行政机关依法发放抚恤金、社会保险金或者最低生活保障费，行政机关没有依法发放的；

（11）认为行政机关的其他具体行政行为侵犯其合法权益的。

该法第七条规定，公民、法人或者其他组织认为行政机关的具体行政行为所依据的下列规定不合法，在对具体行政行为申请行政复议时，可以一并向行政复议机关提出对该规定的审查申请：

① 国务院部门的规定；

② 县级以上地方各级人民政府及其工作部门的规定；

③ 乡、镇人民政府的规定。前款所列规定不含国务院部、委员会规章和地方人民政府规章。规章的审查依照法律、行政法规办理。

2. 申请行政复议的期间

复议申请人应当在法定期间内提出行政复议申请。根据《中华人民共和国行政复议法》第九条规定，公民、法人或者其他组织认为具体行政行为侵犯其合法权益的，可以自知道该具体行政行为之日起 60 日内提出行政复议申请；但是法律规定的申请期限超过 60 日的除外。因不可抗力或者其他正当理由耽误法定申请期限的，申请期限自障碍消除之日起继续计算。

3. 申请行政复议的主体

根据《中华人民共和国行政复议法》第十条规定，依照本法申请行政复议的公民、法人或者其他组织是申请人。有权申请行政复议的公民死亡的，其近亲属可以申请行政复议。有权申请行政复议的公民为无民事行为能力人或者限制民事行为能力人的，其法定代理人可以代为申请行政复议。有权申请行政复议的法人或者其他组织终止的，承受其权利的法人或者其他组织可以申请行政复议。同申请行政复议的具体行政行为有利害关系的其他公民、法人或者其他组织，可以作为第三人参加行政复议。公民、法人或者其他组织对行政机关的具体行政行为不服申请行政复议的，作出具体行政行为的行政机关是被申请人。申请人、第三人可以委托代理人代为参加行政复议。

4. 申请行政复议的方式

根据《中华人民共和国行政复议法》第十一条规定，申请人申请行政复议，可以书面申请，也可以口头申请；口头申请的，行政复议机关应当当场记录申请人的基本情况、行政复议请求、申请行政复议的主要事实、理由和时间。

5. 行政复议管辖

复议申请人应当向具有复议管辖权的机关提出复议申请。根据《中华人民共和国行政复议法》第十二条规定，对县级以上地方各级人民政府工作部门的具体行政行为不服的，由申请人选择，可以向该部门的同级人民政府申请行政复议，也可以向上一级主管部门申请行政复议。对海关、金融、国税、外汇管理等实行垂直领导的行政机关和国家安全机关的具体行政行为不服的，向上一级主管部门申请行政复议。该法第十三条规定，对地方各级人民政府的具体行政行为不服的，向上一级地方人民政府申请行政复议。对省、自治区人民政府依法设立的派出机关所属的县级地方人民政府的具体行政行为不服的，向该派出机关申请行政复议。该法第十四条规定，对国务院部门或者省、自治区、直辖市人民政府的具体行政行为不服的，向作出该具体行政行为的国务院部门或者省、自治区、直辖市人民政府申请行政复议。对行政复议决定不服的，可以向人民法院提起行政诉讼；也可以向国务院申请裁决，国务院依照本法的规定作出最终裁决。该法第十五条规定，对本法第十二条、第十三条、第十四条规定以外的其他行政机关、组织的具体行政行为不服的，按照下列规定申请行政复议：

（1）对县级以上地方人民政府依法设立的派出机关的具体行政行为不服的，向设立该派出机关的人民政府申请行政复议；

（2）对政府工作部门依法设立的派出机构依照法律、法规或者规章规定，以自己的名义作出的具体行政行为不服的，向设立该派出机构的部门或者该部门的本级地方人民政府申请行政复议；

（3）对法律、法规授权的组织的具体行政行为不服的，分别向直接管理该组织的地方人民政府、地方人民政府工作部门或者国务院部门申请行政复议；

（4）对两个或者两个以上行政机关以共同的名义作出的具体行政行为不服的，向其共同上一级行政机关申请行政复议；

（5）对被撤销的行政机关在撤销前所作出的具体行政行为不服的，向继续行使其职权的行政机关的上一级行政机关申请行政复议。有前款所列情形之一的，申请人也可以向具体行政行为发生地的县级地方人民政府提出行政复议申请，由接受申请的县级地方人民政府依照本法第十八条的规定办理。

二、 行政复议申请书的主要内容

1. 首部

文书的名称。在文书正上方居中写明制作的文书名称：行政复议申请书。

2. 基本信息

申请人为公民的，应写明其姓名、性别、年龄和住址。申请人是法人或者其他组织的，应写明其全称、地址、法定代表人或主要负责人姓名、职务、电话等项内容。如果有数个申请人的，则依据他们在案件中的地位和作用，由重到轻依次排列。在被申请人项下，应写明其名称、住所、法定代表人的姓名和职务等基本情况。当事人委托诉讼代理人，应在各自的委托人后写明其姓名等基本情况。

3. 正文

（1）请求事项　写明申请人的具体复议请求。可根据具体情况提出下列请求：请求撤销或变更被申请人的何种具体行政行为；请求责令被申请人履行法定职责；请求确认被申请人的何种具体行政行为违法及被申请人依法予以赔偿等。

（2）事实和理由　首先，应当真实、客观地陈述申请人认为被申请人侵犯其合法权益的具体行政行为，指明被申请人作出的具体行政行为缺乏事实依据与法律依据，并提供相应的证据加以证实。其次，根据有关法律规定，说明申请理由。

4. 尾部

（1）写明致送机关名称即在"此致"之后另行写明受理该复议机关名称。

（2）申请人签名。申请人是法人或其他组织的，应加盖单位公章。

（3）注明提交申请书的年、月、日。

（4）附项。应附上本申请书副本的份数及证据目录清单，证据目录清单中应列明证据材料名称、证据来源、证明对象或内容。

三、 行政复议申请书的文书样式

见样式 48。

═══ 文书二 ═══
行政复议口头申请笔录

一、 文书制作的基本知识

申请人口头申请行政复议的，行政复议机构应当依照书面申请行政复议申请书中载明的事项进行记录。当场制作行政复议申请笔录交申请人核对或者向申请人宣读，并由申请人签字确认。

根据《中华人民共和国行政复议法》第十一条规定，口头申请的，行政复议机关应当当场记录申请人的基本情况、行政复议请求、申请行政复议的主要事实、理由和时间。

行政复议申请书

申请人：姓名 _____ 年龄 _____ 性别 _____ 住址 _____

（法人或者其他组织名称_____ 住址 _____

法定代表人或者主要负责人姓名 _____ ）。

委托代理人：姓名 _____ 住址 _____。

被申请人：名称_____ 住址 _____。

申请人因不服被申请人_____于 _____ 年 _____ 月 _____ 日

作出的 _____ 具体行政行为，向 _____（受理该复议的机关名称）提出

复议申请，请求(具体复议请求)。

事实和理由：

_____

_____。

此致

_____（受理该复议的行政机关）

申请人：_____

年 月 日

附：1. 申请书副本 份；

2. 证据目录清单及相关证据。

附： 证据目录清单

序号	证据材料名称	证据来源	证明对象或内容	备注

提交人：（申请人、 第三人、 被申请人）

二、 行政复议口头申请笔录的主要内容

1. 首部

文书的名称。在文书正上方居中写明制作的文书名称：行政复议口头申请笔录。

2. 基本信息

应写明申请人姓名、性别、出生年月、居民身份证号码、工作单位、住址、邮政编码和联系电话。如果有数个申请人的，则依据他们在案件中的地位和作用，由重到轻分别依次排列。在被申请人项下，应写明其名称、住所等基本情况。当事人委托代理人，应写明其姓名、联系电话等基本情况。

3. 正文

（1）请求事项 写明申请人的具体复议请求。可根据具体情况提出下列请求：请求撤销或变更被申请人的何种具体行政行为；请求责令被申请人履行法定职责；请求确认被申请人的何种具体行政行为违法及被申请人依法予以赔偿等。

（2）事实和理由 应当真实、客观地陈述申请人认为被申请人侵犯其合法权益的具体行政行为，指明被申请人作出的具体行政行为缺乏事实依据与法律依据，并提供相应的证据加以证实。

（3）申请人确认意见 可以由申请人写明"以上记录经本人核对，符合口述。"

4. 尾部

（1）申请人签名。申请人是法人或其他组织的，应加盖单位公章。

（2）注明提交申请书的年、月、日。

（3）附项。应附上有关材料的份数、证据目录清单及相关证据，证据目录清单中应列明证据材料名称、证据来源、证明对象或内容。

三、 行政复议口头申请笔录的文书样式

见样式49。

=== **文书三** ===
行政复议授权委托书

一、 文书制作的基本知识

1. 申请人

公民、法人或者其他组织依法可以作为行政复议申请人。

样式49

×××生态环境厅（局）
行政复议口头申请笔录

申请人：（姓名）_____ 性别_____ 出生年月_____

居民身份证号码_____ 工作单位_____

住址_____ 邮政编码_____ 联系电话_____

委托代理人：（姓名）_____ 联系电话_____

被申请人：（名称）_____ 地址_____

申请行政复议时间：_____年_____月_____日

记录人：姓名_____单位_____

问：（问明申请行政复议请求、主要事实及其理由等情况）_____

答：_____

_____。

（由申请人写明"以上记录经本人核对，符合口述。"）

申请人：（签名盖章）

年　月　日

附：　1. 有关材料　份。

　　　2. 证据目录清单及相关证据。

附： 证据目录清单

序号	证据材料名称	证据来源	证明对象或内容	备注

提交人：（申请人、 第三人、 被申请人）

有权申请行政复议的公民死亡的，其近亲属可以申请行政复议。有权申请行政复议的公民为无民事行为能力人或者限制民事行为能力人的，其法定代理人可以代为申请行政复议。

有权申请行政复议的法人或者其他组织终止的，承受其权利的法人或者其他组织可以申请行政复议。

2. 被申请人

公民、法人或者其他组织对行政机关的具体行政行为不服，申请行政复议的，作出具体行政行为的行政机关是被申请人。

3. 第三人

同申请行政复议的具体行政行为有利害关系的其他公民、法人或者其他组织，可以作为第三人参加行政复议。

4. 委托代理人

申请人、第三人可以委托代理人代为参加行政复议。

委托他人代表自己行使行政复议的合法权益，被委托人在行使时需出具委托人的法律文书。在委托人的委托书上的合法权益内，被委托人行使的全部职责和责任都将由委托人承担。被委托人如果做出违背国家法律的任何行为，委托人有权终止委托协议。

委托权限是授权委托书最重要的部分。委托代理人在当事人的授权范围内代理当事人行使复议权利，代为复议行为。委托代理人在代理的权限范围内所为的代理行为，视为当事人的行为，对当事人发生法律效力。委托代理人超越代理权限即授权范围所为的行为对当事人一般不发生法律效力。

授权委托书可分为只授予代理人代为进行行政复议程序的权利而无权处分实体权利的一般授权委托书；以及授予代理人一定的处分实体权利的特别授权委托书。

二、 行政复议授权委托书的主要内容

1. 首部

文书的名称。在文书正上方居中写明制作的文书名称：行政复议授权委托书。

2. 基本信息

委托人为公民的，应写明委托人的姓名、出生年月、居民身份证号码、住所、邮政编码和联系电话。委托人为法人或者其他组织的，应写明其名称、住所、邮政编码和联系电话，法定代表人或主要负责人姓名、职务等项内容。

写明委托代理人姓名、出生年月、居民身份证号码、工作单位、住所、联系电

话邮政编码。

3. 正文

（1）提出行政复议申请理由　写明委托人不服的具体行政行为，并确定提出行政复议申请的行政复议机关。

（2）委托事项　应当写明受委托人的姓名，具体将什么事项委托给受委托人。一般表述为在"现委托（受委托人姓名）在我（单位）与（被申请人全称）一案中，作为我（单位）参加行政复议的代理人。"

（3）委托期限　写明具体的委托的起止时间，具体到年、月、日。

（4）代理权限　可表述为"委托权限如下"，其后的空白处写明委托权限即代理权限，这是授权委托书最重要的部分。授权委托书可分为一般授权和特别授权。①一般授权委托书只授予代理人代为进行行政复议程序的权利，而无权处分实体权利。在委托书上只需写明"一般委托"即可。②特别授权代理，还授予代理人一定的处分实体权利的权利，如放弃、承认、变更行政复议请求、进行和解、提出、放弃、承认、变更行政赔偿请求等。特别授权要对所授予的实体权利作出列举性的明确规定，否则视为一般委托。

4. 尾部

（1）由委托人、被委托人双方签名或者盖章。

（2）注明委托书的年、月、日。

三、 行政复议授权委托书的文书样式

见样式 50。

═══ 文书四 ═══
法定代表人身份证明书

一、 文书制作的基本知识

法定代表人身份证明书是用来证明法定代表人身份的证明书。

法定代表人是指依照法律或者法人组织章程规定，代表法人行使职权的

行政复议授权委托书

委托人：（姓名）＿＿＿＿＿ 出生年月＿＿＿＿＿ 居民身份证号码＿＿＿＿＿＿

住所＿＿＿＿＿＿邮政编码＿＿＿＿＿＿ 联系电话＿＿＿＿＿＿＿＿

［委托单位：（名称）住所＿＿＿＿ 邮政编码＿＿＿＿＿ 联系电话＿＿＿＿

法定代表人或主要负责人（姓名）＿＿＿＿＿职务＿＿＿＿＿＿＿＿＿＿＿＿］

委托代理人：（姓名）＿＿＿＿＿＿＿＿ 出生年月＿＿＿＿＿ 居民身份证号

码＿＿＿＿＿＿＿

工作单位＿＿＿＿＿＿住所（联系地址）＿＿＿＿＿＿＿＿＿＿＿＿＿＿＿

邮政编码＿＿＿＿＿＿联系电话＿＿＿＿＿＿＿＿＿＿＿＿＿＿＿

　　我（单位）不服（被申请人的具体行政行为），向（复议机关）提出行政复议申请，现委托（受委托人姓名）在我（单位）与（被申请人全称）一案中，作为我（单位）参加行政复议的代理人。

委托期限为：＿＿＿＿＿＿＿＿＿＿＿＿＿＿＿＿＿＿＿＿＿＿＿＿＿＿

委托权限如下：＿＿＿＿＿＿＿＿＿＿＿＿＿＿＿＿＿＿＿＿＿＿＿＿＿＿

委托人（委托单位法定代表人或主要负责人）（签字或者盖章）：

被委托人（签字或者盖章）：

年 月 日

负责人。通常是法人单位内部的正职负责人，如果没有正职负责人，则为主持日常工作的副职负责人。法定代表人的行为就是法人的行为，可以直接代表法人对外签订合同，在法院起诉应诉，以及参与处理其他法律事务。他在自身的权限范围内所为的一切活动，其法律后果由法人承担。法定代表人可以委托其他人代表法人进行活动，但须签署授权委托书。授权委托书可以一事一授权，也可以以一定期间授权。代理人在其授权的范围内所为的行为由法人承担法律后果。

二、 法定代表人身份证明书的主要内容

1. 首部

文书的名称。在文书正上方居中写明制作的文书名称：法定代表人身份证明书。

2. 正文

注明担任法定代表人人员，及担任的职务，并予以证明。

3. 尾部

（1）加盖证明单位公章。

（2）写明证明书的年、月、日。

（3）附法定代表人住址以及电话。

三、 法定代表人身份证明书的文书样式

见样式 51。

=== **文书五** ===
行政复议申请材料补正通知书

一、 文书制作的基本知识

行政复议申请材料不齐全或者表述不清楚的，行政复议机构可以通知申请人补正。一般自收到该行政复议申请之日起 5 日内以书面的形式通知申请人补正。

补正通知应当载明需要补正的事项和合理的补正期限。无正当理由逾期不补

法定代表人身份证明书

（法定代表人姓名）在我单位（单位名称）任（县长、局长、厂长、董事长、总经理等）职务，是我单位（单位名称）的法定代表人。
　　特此证明。

年　月　日
（证明单位公章）

附：法定代表人住址（联系地址）：＿＿＿＿＿＿＿＿＿＿＿＿＿
　　联系电话：＿＿＿＿＿＿＿＿＿＿＿＿
注：其他组织主要负责人的身份证明书同上。

正的，视为申请人放弃行政复议申请。补正申请材料所用时间不计入行政复议审理期限。

二、 行政复议申请材料补正通知书的主要内容

1. 首部
文书的名称。在文书正上方居中写明制作的文书名称：行政复议申请材料补正通知书。

2. 正文
（1）申请人信息　根据实际情况填写，申请人为法人或组织的写明单位名称，申请人为公民的写明公民姓名。

（2）提出行政复议申请理由　写明委托人不服的具体行政行为，以及具体行政行为作出的时间，并确定提出行政复议申请的时间。

（3）补正的材料　如果复议请求不明确，材料不齐全，行政复议机构可以通知申请人补正相关材料，并应当注明需补正的材料要求。

（4）补正材料时间　写明提交补正材料的截止时间。

（5）逾期不补正的后果　明确写明无正当理由逾期不补正的，视为放弃行政复议申请。

3. 尾部
（1）加盖行政复议专用印章。

（2）注明补正通知书出具的年、月、日。

三、 行政复议申请材料补正通知书的文书样式

见样式52。

═══ 文书六 ═══
不予受理行政复议申请决定书

一、 文书制作的基本知识

1. 适用情形
根据《中华人民共和国行政复议法》第十六条、第十七条规定：①对不符合规定的行政复议申请，决定不予受理，并书面告知申请人；②对符合规定，但是

×××生态环境厅（局）
行政复议申请材料补正通知书

_____〔   〕   号

（申请人）：

　　（申请人）不服（被申请人全称）于 _____ 年 _____ 月 _____ 日作出的（具体行政行为）于 _____ 年 _____ 月 _____ 日向本机关提出行政复议申请。经审查，该行政复议申请书(应注明需补正的材料要求)。

　　请你们接到本通知书后，于 _____ 年 _____ 月 _____ 日前补正申请材料。依照《中华人民共和国行政复议法实施条例》第二十九条的规定，补正申请材料所用时间不计入行政复议审理期限。无正当理由逾期不补正的，视为放弃行政复议申请。

　　特此通知。

年　月　日

（行政复议专用章或者法制工作机构印章）

不属于本机关受理的行政复议申请，应当告知申请人向有关行政复议机关提出；③公民、法人或者其他组织向人民法院提起行政诉讼，人民法院已经依法受理的，再提起行政复议的，不得受理。

2. 审查期限

行政复议机关收到行政复议申请后，应当进行审查，审查时间为 5 日。

二、 不予受理行政复议申请决定书的主要内容

1. 首部

文书的名称。在文书正上方居中写明制作的文书名称：不予受理行政复议申请决定书。

2. 正文

（1）申请人信息　根据实际情况填写，申请人为公民的，应写明其姓名、性别、出生年月、住所。申请人是法人或者其他组织的，应写明其名称、住所，法定代表人或主要负责人姓名、职务等内容。

（2）委托代理人信息　写明委托代理人的姓名和住所。

（3）被申请人信息　在被申请人项下，应写明其名称、住所等基本情况。

（4）不服的具体行政行为　写明申请人提出行政复议申请不服具体行政行为的内容，以及具体提出行政复议的日期。

（5）不予受理的事实和理由　写明行政机关经过审查确认的不予受理的具体理由。并写明不予受理的法律依据。

3. 尾部

（1）加盖行政复议机关印章。

（2）注明不予受理行政复议申请决定书出具的年、月、日。

三、 不予受理行政复议申请决定书的文书样式

见样式 53。

═══ 文书七 ═══
行政复议告知书

一、 文书制作的基本知识

1. 适用情形

行政机关作出的具体行政行为对公民、法人或者其他组织的权利、义务可能

×××生态环境厅（局）
不予受理行政复议申请决定书

_____〔   〕号

申请人：（姓名）性别 _____ 出生年月 _____ 住所 _____（联系地址）_____

〔法人或者其他组织（名称）_____ 住所（联系地址）_____

法定代表人或者主要负责人（姓名）_____ 职务_____〕。

委托代理人：（姓名）_____ 住所（联系地址）_____

被申请人：（名称）_____ 住所（联系地址）_____

法定代表人或者主要负责人（姓名）_____ 职务_____

　　申请人对被申请人的（具体行政行为）_____ 不服，于 _____ 年 _____ 月 _____ 日向本机关提出行政复议申请。

　　经审查，本机关认为：_____（不予受理的事实和理由）_____。根据《中华人民共和国行政复议法》第十六条、第十七条的规定，决定不予受理。

年　月　日

（行政复议机关印章或者行政复议专用章）

产生不利影响的，应当告知其申请行政复议的权利、行政复议机关和行政复议申请期限。通过书面的形式规范行政复议权利告知制度。

2. 行政复议机关

根据《中华人民共和国行政复议法》第十二至十五条的规定，可以提起行政复议的机关如下：

（1）对县级以上地方各级人民政府工作部门的具体行政行为不服的，由申请人选择，可以向该部门的同级人民政府申请行政复议，也可以向上一级主管部门申请行政复议。

（2）对海关、金融、国税、外汇管理等实行垂直领导的行政机关和国家安全机关的具体行政行为不服的，向上一级主管部门申请行政复议。

（3）对地方各级人民政府的具体行政行为不服的，向上一级地方人民政府申请行政复议。

（4）对省、自治区人民政府依法设立的派出机关所属的县级地方人民政府的具体行政行为不服的，向该派出机关申请行政复议。

（5）对国务院部门或者省、自治区、直辖市人民政府的具体行政行为不服的，向作出该具体行政行为的国务院部门或者省、自治区、直辖市人民政府申请行政复议。对行政复议决定不服的，可以向人民法院提起行政诉讼；也可以向国务院申请裁决，国务院依照本法的规定作出最终裁决。

（6）对县级以上地方人民政府依法设立的派出机关的具体行政行为不服的，向设立该派出机关的人民政府申请行政复议。

（7）对政府工作部门依法设立的派出机构依照法律、法规或者规章规定，以自己的名义作出的具体行政行为不服的，向设立该派出机构的部门或者该部门的同级地方人民政府申请行政复议。

（8）对法律、法规授权的组织的具体行政行为不服的，分别向直接管理该组织的地方人民政府、地方人民政府工作部门或者国务院部门申请行政复议。

（9）对两个或者两个以上行政机关以共同的名义作出的具体行政行为不服的，向其共同上一级行政机关申请行政复议。

（10）对被撤销的行政机关在撤销前所作出的具体行政行为不服的，向继续行使其职权的行政机关的上一级行政机关申请行政复议。

3. 行政复议申请期限

根据《中华人民共和国行政复议法》第九条规定，公民、法人或者其他组织认为具体行政行为侵犯其合法权益的，可以自知道该具体行政行为之日起六十日内提出行政复议申请；但是法律规定的申请期限超过六十日的除外。因不可抗力或者其他正当理由耽误法定申请期限的，申请期限自障碍消除之日起继续计算。期限起算方式：

① 当场作出具体行政行为的，自具体行政行为作出之日起计算。

② 载明具体行政行为的法律文书直接送达的，自受送达人签收之日起计算。

③ 载明具体行政行为的法律文书邮寄送达的，自受送达人在邮件签收单上签收之日起计算；没有邮件签收单的，自受送达人在送达回执上签名之日起计算。

④ 具体行政行为依法通过公告形式告知受送达人的，自公告规定的期限届满之日起计算。

⑤ 行政机关作出具体行政行为时未告知公民、法人或者其他组织，事后补充告知的，自该公民、法人或者其他组织收到行政机关补充告知的通知之日起计算。

⑥ 被申请人能够证明公民、法人或者其他组织知道具体行政行为的，自证据材料证明其知道具体行政行为之日起计算。

二、 行政复议告知书的主要内容

1. 首部

文书的名称。在文书正上方居中写明制作的文书名称：行政复议告知书。

2. 正文

（1）申请人信息　根据实际情况填写，申请人为公民的应写明其姓名。申请人是法人或者其他组织的应写明其名称。

（2）告知的具体内容　写明申请人不服的具体行政行为的内容，以及提出行政复议申请的时间，并明确具有管辖权的行政复议机关。

3. 尾部

（1）加盖行政复议机构专用章。

（2）注明行政复议告知书出具的年、月、日。

三、 行政复议告知书的文书样式

见样式 54。

×××生态环境厅（局）
行政复议告知书

_____〔 〕号

（申请人）：

你（单位）对 _____ 年 _____ 月 _____ 日（被申请人的具体行政行为）不服提出的行政复议申请，依法应当向（行政复议机关）提出。

接到本告知书后请按照《中华人民共和国行政复议法》第九条规定的行政复议申请期限，向（行政复议机关）申请行政复议（自提出行政复议申请之日起至收到本告知书之日止的时间，不计入法定申请期限）。

特此告知

年 月 日

（行政复议专用章或者法制工作机构印章）

═══ 文书八 ═══
责令受理通知书

一、 文书制作的基本知识

根据《中华人民共和国行政复议法》第二十条规定，公民、法人或者其他组织依法提出行政复议申请，行政复议机关无正当理由不予受理的，上级行政机关应当责令其受理；必要时，上级行政机关也可以直接受理。

根据《环境行政复议与行政应诉办法》第十条的规定，申请人依法提出行政复议申请，环境保护行政主管部门无正当理由不予受理的，上级环境保护行政主管部门应当责令下级环境保护行政主管部门受理；必要时，上级环境保护行政主管部门可以直接受理。上级环境保护行政主管部门责令下级环境保护行政主管部门受理行政复议申请的，应当制作"责令受理通知书"，送达被责令受理行政复议申请的环境保护行政主管部门，并抄送申请人。

二、 责令受理通知书的主要内容

1. 首部

文书的名称。在文书正上方居中写明制作的文书名称：责令受理通知书。

2. 正文

（1）被责令受理的机关　根据实际情况填写，上级行政机关责令受理的具体下级行政机关。

（2）不予受理的内容　写明申请人提出行政复议申请的时间，以及不服的具体行政行为的内容。明确行政机关不予受理的决定日期。

（3）责令受理的理由　写明行政机关经过审查确认责令受理的法律依据，并明确行政机关受理行政复议申请的决定。

3. 尾部

（1）加盖行政复议机关印章。

（2）注明责令受理通知书出具的年、月、日。

三、 责令受理通知书的文书样式

见样式 55。

样式55

×××生态环境厅（局）
责令受理通知书

_____〔 〕号

（被责令受理的机关）：

（申请人）不服（被申请人的具体行政行为）于 _____ 年 _____ 月 _____ 日向你机关提出行政复议申请，你机关于 _____ 年 _____ 月 ___ 日作出不予受理的决定。

经审查，该申请符合《中华人民共和国行政复议法》的规定，应当予以受理。根据《中华人民共和国行政复议法》第二十条和《环境行政复议与行政应诉办法》第十条的规定，责令你机关自收到本通知之日起受理该行政复议申请。

特此通知

年 月 日

（行政复议机关印章或者行政复议专用章）

═══ 文书九 ═══
行政复议答复通知书

一、 文书制作的基本知识

1. 适用情形

行政复议机关决定受理行政复议申请后，应制作提出答复通知书，并将行政复议申请书副本或者行政复议申请笔录复印件发送被申请人。要求被申请人自收到申请书副本或者申请笔录复印件后，提出书面答复意见，并提交当初作出具体行政行为的证据、依据和其他有关材料。被申请人未按照规定提出书面答复、提交当初作出具体行政行为的证据、依据和其他有关材料的，视为该具体行政行为没有证据、依据，行政复议机关应当决定撤销该具体行政行为。

申请人、第三人可以查阅被申请人提出的书面答复，作出具体行政行为的证据、依据和其他有关材料，除涉及国家秘密、商业秘密或者个人隐私外，行政复议机关不得拒绝。

2. 期限

行政复议机关受理行政复议申请后，应于七日内，将提出答复通知书、行政复议申请书副本或者行政复议申请笔录复印件发送被申请人。

被申请人应当自收到申请书副本或者申请笔录复印件之日起十日内提出书面答复意见。

二、 行政复议答复通知书的主要内容

1. 首部

文书的名称。在文书正上方居中写明制作的文书名称：行政复议答复通知书。

2. 正文

（1）被申请人　根据实际情况填写，申请人为公民的应写明其姓名。申请人是法人或者其他组织的应写明其名称。

（2）受理的内容　写明行政机关受理行政复议的具体情形，以及申请人提出

行政复议申请的时间，以及不服的具体行政行为的内容。

（3）答复的要求　写明行政复议申请书副本的送达情况，并明确答复的具体期限以及需要提交的相关材料，对于逾期没有提交的后果予以说明。

3. 尾部

（1）加盖行政复议专用章。

（2）注明通知书出具的年、月、日。

三、 行政复议答复通知书的文书样式

见样式 56。

文书十
第三人参加行政复议告知书

一、 文书制作的基本知识

1. 适用情形

行政复议原则上采取书面审查的办法，但是申请人提出要求或者行政复议机关负责法制工作的机构认为有必要时，可以向有关组织和人员调查情况。

2. 参与形式

行政复议期间，行政复议机构认为申请人以外的公民、法人或者其他组织与被审查的具体行政行为有利害关系的，可以通知其作为第三人参加行政复议。

行政复议期间，申请人以外的公民、法人或者其他组织与被审查的具体行政行为有利害关系的，可以向行政复议机构申请作为第三人参加行政复议。

第三人不参加行政复议，不影响行政复议案件的审理。

二、 第三人参加行政复议告知书的主要内容

1. 首部

文书的名称。在文书正上方居中写明制作的文书名称：第三人参加行政复议告知书。

×××生态环境厅（局）
行政复议答复通知书

_____〔　　〕　号

（被申请人）：

　　（申请人）不服你机关的（具体行政行为）提出的行政复议申请，本机关已于 _____ 年 _____ 月 _____ 日依法受理。依照《中华人民共和国行政复议法》第二十三条的规定，现将行政复议申请书副本（口头申请笔录复印件）发送你机关，请你机关自收到申请书副本（口头申请笔录复印件）之日起十日内，对该行政复议申请提出书面答复，并提交当初作出该具体行政行为的证据、依据和其他有关材料。逾期未提交书面答复，未提交当初作出具体行政行为的证据、依据和其他有关材料的，视为该具体行政行为没有证据、依据，本机关将依法予以撤销。

　　特此通知。

年　月　日

（行政复议专用章或者法制工作机构印章）

2. 正文

（1）第三人　根据实际情况填写，第三人为公民的应写明其姓名。第三人是法人或者其他组织的应写明其名称。

（2）受理的内容　写明行政机关受理行政复议的具体情形，包括提出行政复议申请的申请人和被申请人，不服的具体行政行为的具体内容。

（3）参加行政复议的理由　写明要求第三人参加行政复议的原因。

（4）告知的具体内容　写明参加复议的事项和提交复议请求答辩的具体期限以及需要提交的相关材料。

3. 尾部

（1）加盖行政复议机关印章。

（2）注明告知书出具的年、月、日。

三、 第三人参加行政复议告知书的文书样式

见样式 57。

═ 文书十一 ═
停止执行具体行政行为通知书

一、 文书制作的基本知识

行政复议期间可以停止执行具体行政行为的情形：

（1）被申请人认为需要停止执行的；

（2）行政复议机关认为需要停止执行的；

（3）申请人申请停止执行，行政复议机关认为其要求合理，决定停止执行的；

（4）法律规定停止执行的。

二、 停止执行具体行政行为通知书的主要内容

1. 首部

文书的名称。在文书正上方居中写明制作的文书名称：停止执行具体行政行为通知书。

×××生态环境厅（局）
第三人参加行政复议告知书

_____ 〔   〕号

（第三人）：

    （申请人）因不服（被申请人）作出的（具体行政行为）提出的行政复议申请，本机关已决定受理。 经审查，本机关认为你（单位）同被申请行政复议的具体行政行为有利害关系，现根据《中华人民共和国行政复议法》第二十二条的规定，告知你（单位）作为本案第三人参加行政复议，并将行政复议申请书副本发送你单位。 请你单位自收到本告知书之日起十日内，向本机关提交有关复议请求的答辩意见、证据及有关材料。

    特此告知

年　月　日

（行政复议机关印章或者行政复议专用章）

2. 正文

（1）被申请人　根据实际情况填写，被申请人为公民的应写明其姓名。被申请人是法人或者其他组织的应写明其名称。

（2）受理的内容　写明行政机关受理行政复议的具体情形，包括提出行政复议申请的申请人信息，提起行政复议的具体行政行为的具体内容。

（3）停止执行的事由　写明需要停止具体行政行为执行的相关事实和理由。

（4）停止执行的期间　写明停止执行具体行政行为的开始时间，终止时间为作出行政复议决定之日。

3. 尾部

（1）加盖行政复议机关印章。

（2）注明通知书出具的年、月、日。

三、 停止执行具体行政行为通知书的文书样式

见样式 58。

≡ 文书十二 ≡
决定延期通知书

一、 文书制作的基本知识

1. 复议审理期限

通常情况下，行政复议机关应当自受理申请之日起六十日内作出行政复议决定；但是法律规定的行政复议期限少于六十日的除外。

2. 延期审理可延期期限

如果不能在规定期限内作出行政复议决定的，经行政复议机关的负责人批准，可以适当延长，但是延长期限最多不超过三十日。

二、 决定延期通知书的主要内容

1. 首部

文书的名称。在文书正上方居中写明制作的文书名称：决定延期通知书。

×××生态环境厅(局)
停止执行具体行政行为通知书

_____〔　　〕　　号

（被申请人）：

　　（申请人）不服你机关的（具体行政行为）提出的行政复议申请，我们依法已予受理。____（需要停止执行的事由）____。根据《中华人民共和国行政复议法》第二十一条的规定，决定自 _____ 年 _____ 月 _____ 日起至作出行政复议决定之日前，停止该具体行政行为的执行。

　　特此通知

年　月　日

（行政复议机关印章或者行政复议专用章）

抄送：（申请人、第三人）

2. 正文

（1）申请人 根据实际情况填写，申请人为公民的应写明其姓名；申请人是法人或者其他组织的应写明其名称。

（2）受理的内容 写明行政机关受理行政复议的具体情形，包括提出行政复议申请的申请人，提出行政复议的具体行政行为的具体内容，复议机关受理行政复议的具体时间。

（3）延期的情形 写明行政复议决定延长的具体期限，要求在延长的具体日期之前作出行政复议决定。

3. 尾部

（1）加盖行政复议专用章。

（2）注明通知书出具的年、月、日。

三、 决定延期通知书的文书样式

见样式 59。

═══ 文书十三 ═══
行政复议被申请人答复书

一、 文书制作的基本知识

行政复议被申请人答复书，是在行政复议过程中，被申请人收到复议申请书副本后，针对申请人所提出的复议申请请求、事实和理由，在法定期限内进行答复和辩解的一种法律文书。

1. 答复的具体内容

被申请人提交行政复议答复书，既是阐明自己意见、维护自己作出具体行政行为的权利，也是被申请人应尽的义务。被申请人提交行政复议答复书有助于复议机关全面查清案情，作出正确的复议决定。

2. 期限

（1）告知被申请人提交答复书的期限 根据《中华人民共和国行政复议法》

样式59

×××生态环境厅（局）
决定延期通知书

_____〔   〕   号

（申请人）：

你（单位）不服_____（被申请人的具体行政行为）_____提出的行政复议申请，我们已于 _____ 年 _____ 月 _____ 日依法受理。因情况复杂，不能在法定期限内作出行政复议决定。根据《中华人民共和国行政复议法》第三十一条第一款的规定，行政复议决定延期至 _____ 年 _____ 月 _____ 日前作出。

特此通知

年 月 日

（行政复议专用章或者法制工作机构印章）

抄送：（被申请人）

第二十三条规定，行政复议机关负责法制工作的机构应当自行政复议申请受理之日起七日内，将行政复议申请书副本或者行政复议申请笔录复印件发送被申请人。

（2）被申请人提交答复书的期限 根据《中华人民共和国行政复议法》第二十三条规定，被申请人应当自收到申请书副本或者申请笔录复印件之日起十日内，提出书面答复，并提交当初作出具体行政行为的证据、依据和其他有关材料。如果被申请人不按《中华人民共和国行政复议法》第二十三条的规定提出书面答复、提交当初作出具体行政行为的证据、依据和其他有关材料的，依法视为该具体行政行为没有证据、依据，复议机关将决定撤销该具体行政行为。

二、 行政复议被申请人答复书的主要内容

1. 首部

文书的名称。在文书正上方居中写明制作的文书名称：行政复议被申请人答复书。

2. 基本信息

根据实际情况填写，答复人为公民的应写明其姓名、地址；答复人是法人或者其他组织的应写明其名称、地址，法定代表人姓名、职务等内容。

写明委托代理人姓名、性别、职务、单位、联系电话。

3. 正文

（1）提请复议的内容 写明提出行政复议的具体情形，包括提出行政复议申请的申请人、时间，提出行政复议的具体行政行为的具体内容。

（2）复议答复通知书内容 写明答复人收到的行政机关送达的行政复议答复通知书的具体内容。

（3）答复的具体内容 针对申请人提出的问题作出答复，同时说明作出行政行为的事实依据、法律依据。针对申请人提出的事实与理由，明确地阐明自己对案件的意见和理由，并应提交当初作出具体行政行为的证据、依据和其他有关材料。如果认为申请人的请求是不合法的，则应根据自己掌握的事实与证据阐述案情，澄清事实真相，依法说明作出的具体行政行为是合法的、适当的。

（4）申请复议的机关 一般情况下根据《中华人民共和国行政复议法》第十二条规定，对县级以上地方各级人民政府工作部门的具体行政行为不服的，由申请人选择，可以向该部门的同级人民政府申请行政复议，也可以向上一级主管部门申请行政复议。据此可以向上一级生态环境主管部门或者同级人民政府申请行政复议。

4. 尾部

（1）答复人签名或者盖章。

（2）注明答复书出具的年、月、日。

（3）附被申请人答复书份数，证据目录清单及相关证据，若有委托代理人还需附上授权委托书。

三、 行政复议被申请人答复书的文书样式

见样式 60。

═══ **文书十四** ═══
行政复议中止通知书

一、 文书制作的基本知识

行政复议中止的情形，根据《中华人民共和国行政复议法实施条例》以下简称《行政复议法实施条例》第四十一条的规定，行政复议期间有下列情形之一，影响行政复议案件审理的，行政复议中止：

（1）作为申请人的自然人死亡，其近亲属尚未确定是否参加行政复议的；

（2）作为申请人的自然人丧失参加行政复议的能力，尚未确定法定代理人参加行政复议的；

（3）作为申请人的法人或者其他组织终止，尚未确定权利义务承受人的；

（4）作为申请人的自然人下落不明或者被宣告失踪的；

（5）申请人、被申请人因不可抗力，不能参加行政复议的；

（6）案件涉及法律适用问题，需要有权机关作出解释或者确认的；

（7）案件审理需要以其他案件的审理结果为依据，而其他案件尚未审结的；

（8）其他需要中止行政复议的情形。

二、 行政复议中止通知书的主要内容

1. 首部

文书的名称。在文书正上方居中写明制作的文书名称：行政复议中止通知书。

×××生态环境厅（局）
行政复议被申请人答复书

_____〔 〕 号

答　复　人：_____（被申请人名称）_____

地　　　址：_____

法定代表人：姓名_____职务_____

委托代理人：姓名_____性别_____职务_____

　　　　　　单位_____联系电话_____

　　（申请人）对本机关于_____年_____月_____日作出的（具体行政行为）不服提出行政复议申请。根据你机关行政复议答复通知书（文号_____）的要求，现答复如下：_____。

　　此　致

（行政复议机关名称）

答复人：（印章）

年 月 日

附：1. 答复书副本　份；

　　2. 证据目录清单及有关材料和证据、依据　份；

　　3. 授权委托书（有委托代理人的）。

2. 正文

（1）申请人　根据实际情况填写，申请人为公民的应写明其姓名；申请人是法人或者其他组织的应写明其名称。

（2）受理的内容　写明行政机关受理行政复议的具体情形，包括提出行政复议申请的申请人和被申请人，提请行政复议的具体行政行为的具体内容。

（3）中止审查的情形　写明中止行政复议案件审理的时间，中止行政复议案件审理的具体情形及具体事由。并明确当行政复议中止原因消除后，恢复该行政复议案件的审理。

3. 尾部

（1）加盖行政复议机关印章。

（2）注明通知书出具的年、月、日

三、 行政复议中止通知书的文书样式

见样式 61。

文书十五
恢复审理通知书

一、 文书制作的基本知识

行政复议中止的原因消除后，应当及时恢复行政复议案件的审理。行政复议机构中止行政复议案件的审理，应当告知有关当事人。

二、 恢复审理通知书的主要内容

1. 首部

文书的名称。在文书正上方居中写明制作的文书名称：恢复审理通知书。

2. 正文

（1）申请人　根据实际情况填写，申请人为公民的应写明其姓名；申请人是法人或者其他组织的应写明其名称。

样式61

×××生态环境厅（局）
行政复议中止通知书

_____〔　　〕号

（申请人）：

　　你（单位）不服_____（被申请人的具体行政行为）_____提出的行政复议申请，本机关依法已予受理。行政复议期间，_____（出现的中止审理事由）_____。根据《中华人民共和国行政复议法》和其他有关规定，现决定自____年_____月____日起中止该行政复议案件的审理。行政复议中止原因消除后，本机关将恢复该行政复议案件的审理。

　　特此通知

年　月　日

（行政复议机关印章或者行政复议专用章）

抄送：（被申请人、第三人）

（2）受理的内容　写明行政机关受理行政复议的具体情形，包括提出行政复议申请的申请人和被申请人，提出行政复议的具体行政行为的具体内容。

（3）中止审理的情形　写明之前中止行政复议案件审理的具体事由，以及送达的中止行政复议通知书的时间、文号，并据此中止行政复议案件的审理。

（4）恢复审理的情形　写明中止行政复议案件审理的原因已经消除，恢复行政复议案件审理的具体情形。

3. 尾部

（1）加盖行政复议机构印章。

（2）注明通知书出具的年、月、日。

三、 恢复审理通知书的文书样式

见样式 62。

═ 文书十六 ═
行政复议终止决定书

一、 文书制作的基本知识

行政复议终止的情形，根据《中华人民共和国行政复议法实施条例》第四十二条的规定，行政复议期间有下列情形之一的，行政复议终止：

（1）申请人要求撤回行政复议申请，行政复议机构准予撤回的；

（2）作为申请人的自然人死亡，没有近亲属或者其近亲属放弃行政复议权利的；

（3）作为申请人的法人或者其他组织终止，其权利义务的承受人放弃行政复议权利的；

（4）申请人与被申请人依照本条例第四十条的规定，经行政复议机构准许达成和解的；

（5）申请人对行政拘留或者限制人身自由的行政强制措施不服申请行政复议

×××生态环境厅（局）
恢复审理通知书

_____〔 〕 号

（申请人）：

　　你（单位）对（被申请人）（具体行政行为）不服提出的行政复议申请，本机关依法已予以受理。因_____（中止审理的事由）_____，本机关于_____年_____月_____日以中止行政复议通知书（文号_____）依法中止本案审理。现行政复议中止的原因已消除，根据《中华人民共和国行政复议法实施条例》第四十一条第二款的规定，从即日起恢复该行政复议案件的审埋。

　　特此通知。

年　月　日

（行政复议机构印章）

抄送：（被申请人、第三人）

后，因申请人同一违法行为涉嫌犯罪，该行政拘留或者限制人身自由的行政强制措施变更为刑事拘留的。

该条例第四十一条规定的中止行政复议的情形：

（1）作为申请人的自然人死亡，其近亲属尚未确定是否参加行政复议的；

（2）作为申请人的自然人丧失参加行政复议的能力，尚未确定法定代理人参加行政复议的；

（3）作为申请人的法人或者其他组织终止，尚未确定权利义务承受人的。若满 60 日行政复议中止的原因仍未消除的，行政复议终止。

二、 行政复议终止决定书的主要内容

1. 首部

文书的名称。在文书正上方居中写明制作的文书名称：行政复议终止决定书。

2. 正文

（1）申请人　根据实际情况填写，申请人为公民的应写明其姓名；申请人是法人或者其他组织的应写明其名称。

（2）受理的内容　写明行政机关受理行政复议的具体情形，包括提出行政复议申请的申请人和被申请人，提请行政复议的具体行政行为的具体内容。

（3）终止审理的情形　写明依据法律规定终止行政复议案件审理的具体情形。

3. 尾部

（1）加盖行政复议机关印章。

（2）注明通知书出具的年、月、日。

三、 行政复议终止决定书的文书样式

见样式 63。

文书十七
行政复议决定书

一、 文书制作的基本知识

行政复议决定书是指行政机关按《中华人民共和国行政复议法》规定的程序，

×××生态环境厅(局)
行政复议终止决定书

_____〔 〕号

(申请人):

你(单位)不服(被申请人的具体行政行为)提出的行政复议申请,我们依法已予受理。(终止审理的事由)_____。根据_____[《中华人民共和国行政复议法》第二十五条或者《中华人民共和国行政复议法实施条例》第四十二条第( )款第( )项]_____的规定,行政复议终止。

特此通知

年 月 日
(行政复议机关印章或者行政复议专用章)

抄送:(被申请人、第三人)

对审理终结的复议案件，依据法律、法规、规章及上级发布的具有普遍约束力的决定、命令，就全案的具体问题做出处理的书面决定。

有关行政复议的决定，行政复议机关负责法制工作的机构应当对被申请人作出的具体行政行为进行审查，提出意见，经行政复议机关的负责人同意或者集体讨论通过后，按照下列规定作出行政复议决定：

（1）具体行政行为认定事实清楚，证据确凿，适用依据正确，程序合法，内容适当的，决定维持。

（2）被申请人不履行法定职责的，决定其在一定期限内履行。

（3）具体行政行为有下列情形之一的，决定撤销、变更或者确认该具体行政行为违法；决定撤销或者确认该具体行政行为违法的，可以责令被申请人在一定期限内重新作出具体行政行为。

① 主要事实不清、证据不足的；

② 适用依据错误的；

③ 违反法定程序的；

④ 超越或者滥用职权的；

⑤ 具体行政行为明显不当的。

（4）被申请人不按照《中华人民共和国行政复议法》的相关规定提出书面答复、提交当初作出具体行政行为的证据、依据和其他有关材料的，视为该具体行政行为没有证据、依据，决定撤销该具体行政行为。

二、 行政复议决定书的主要内容

1. 首部

文书的名称。在文书正上方居中写明制作的文书名称：行政复议决定书。

2. 基本信息

申请人为公民的，应写明申请人的姓名、出生年月、住址等相关信息。申请人为法人或者其他组织的，应写明其全称、住址，法定代表人或主要负责人姓名、住址等相关信息。

写明委托代理人姓名、住址等相关信息。

写明被申请人姓名、住址等相关信息。

写明第三人姓名、住址等相关信息。

3. 正文

（1）受理行政复议的情形 写明申请人不服的具体行政行为，以及提出行政复议申请的时间。

（2）申请人的复议请求　写明申请人提出的具体的复议申请请求的内容。

（3）相关事实陈述　详述申请人、被申请人、第三人陈述的具体事实，并详述复议机关经过审理后查明的具体事实。

（4）证据证明　对决定书之前审查的具体行政行为认定事实是否清楚，证据是否确凿，适用法律依据是否正确，程序是否合法，内容是否适当，列举相关证据予以证明，并详述对相关证据质证和认证的过程。

（5）复议决定　复议机关根据审查查明的事实和证据，针对被提起行政复议的具体行政行为，依法作出复议决定。

4. 尾部

（1）加盖行政复议机关印章。

（2）注明决定书的年、月、日。

三、 行政复议决定书的文书样式

见样式 64。

═══ 文书十八 ═══
驳回行政复议申请决定书

一、 文书制作的基本知识

有下列情形之一的，行政复议机关应当决定驳回行政复议申请：

① 申请人认为行政机关不履行法定职责申请行政复议，行政复议机关受理后发现该行政机关没有相应法定职责或者在受理前已经履行法定职责的；

② 受理行政复议申请后，发现该行政复议申请不符合行政复议法和本条例规定的受理条件的。

上级行政机关认为行政复议机关驳回行政复议申请的理由不成立的，应当责令其恢复审理。

样式64

×××生态环境厅（局）
行政复议决定书

_____〔   〕号

申请人：（姓名）_____性别_____出生年月_____住址_____

［法人或者其他组织（名称）_____住址_____

法定代表人或者主要负责人（姓名）_____］

委托代理人：（姓名）_____住址_____。

被申请人：（名称）_____住址_____。

第三人：（姓名）_____住址_____。

委托代理人：（姓名）_____住址_____。

申请人不服被申请人的（具体行政行为），于____年____月____日提起行政复议申请，本机关依法已予受理。

申请人请求，_____。

申请人称，_____。

被申请人称，_____。

第三人称，_____。

经审理查明，_____。

上述事实有下列证据证明：_____。

本机关认为：_____。

根据（作出决定的相关法律依据）的规定，本机关决定如下：_____。

（符合行政诉讼受案范围的，写明：对本决定不服，可以自接到本决定之日起十五日内向_____人民法院提起行政诉讼。）

年 月 日

（行政复议机关印章或者行政复议专用章）

二、 驳回行政复议申请决定书的主要内容

1. 首部

文书的名称。在文书正上方居中写明制作的文书名称：驳回行政复议决定书。

2. 基本信息

申请人为公民的，应写明申请人的姓名、出生年月、住所等相关信息。申请人为法人或者其他组织的，应写明其全称、住所，法定代表人或主要负责人姓名、职务等相关信息。

写明委托代理人姓名、住所等相关信息。

写明被申请人名称、住所等相关信息，法定代表人或主要负责人姓名、职务、等相关信息。

写明第三人姓名、住址等相关信息。

3. 正文

（1）受理行政复议的情形 写明申请人不服的具体行政行为，以及申请行政复议的提出时间。

（2）申请人的复议请求 写明申请人提出的复议请求的具体内容。

（3）相关事实陈述 详述申请人、被申请人、第三人陈述的具体事实，并详述复议机关经过审理后查明的具体事实。

（4）证据证明 对决定书之前审查的具体行政行为认定事实是否清楚，证据是否确凿，列举相关证据予以证明，并详述对相关证据质证和认证的过程。

（5）复议决定 复议机关根据审查查明的事实和证据，根据法律规定，依法驳回申请人的行政复议申请。

4. 尾部

（1）加盖行政复议机关印章。

（2）注明决定书的年、月、日。

三、 驳回行政复议申请决定书的文书样式

见样式 65。

×××生态环境厅（局）
驳回行政复议申请决定书

_____〔   〕号

申请人：（姓名）性别 _____ 出生年月 _____ 住所 （联系地址）

[法人或者其他组织（名称）_____ 住所（联系地址）_____

法定代表人或者主要负责人（姓名）_____ 职务 _____]

委托代理人：（姓名）_____ 住所（联系地址）_____

被申请人：（名称）_____ 住所 _____

法定代表人或者主要负责人（姓名）_____ 职务 _____

[第三人：（姓名/名称）_____ 住所（联系地址）_____

委托代理人：（姓名）_____ 住所（联系地址）_____]

申请人对被申请人___（具体行政行为）___不服，于 ____ 年 ____ 月 _____ 日向本机关申请行政复议，本机关依法已予受理。

申请人请求，_____。

申请人称，_____。

被申请人称，_____。

第三人称，_____。

经审理查明，_____

_____。

本机关认为：_____属于《中华人民共和国行政复议法实施条例》第四十八条第一款第 _____ 项规定的情形。根据该条规定，本机关决定：驳回申请人的行政复议申请。

年 月 日

（行政复议机关印章或者行政复议专用章）

文书十九
责令履行行政复议决定通知书

一、 文书制作的基本知识

根据《中华人民共和国行政复议法》第三十二条规定，被申请人应当履行行政复议决定。被申请人不履行或者无正当理由拖延履行行政复议决定的，行政复议机关或者有关上级行政机关应当责令其限期履行。

（1）履行　是指行政机关采取措施，实施复议决定的内容。《中华人民共和国行政复议法》第三十一条第三款规定，行政复议决定一经送达，即发生法律效力。被申请人，应当在收到决定书之后履行复议决定。

（2）不履行　是指行政机关明确表示不能执行复议决定或者不予理睬复议决定的内容，仍然按照自己的原来意愿去办理，或者仍然坚持原行政行为。

（3）无正当理由拖延履行　则是指被申请人坚持自己的意见不立即采取措施执行行政复议决定。

二、 责令履行行政复议决定通知书的主要内容

1. 首部

文书的名称。在文书正上方居中写明制作的文书名称：责令履行行政复议决定通知书。

2. 正文

（1）被责令履行的机关，应写明其全称。

（2）受理行政复议的情形。写明提出行政复议申请的申请人信息，被提请行政复议的具体行政行为信息。

（3）行政复议决定的情况。明确复议机关作出的具体行政复议决定以及文号，写明文书送达以及被责令履行的机关未依法履行行政复议决定的情形。

（4）履行的要求。明确具体的履行日期以及履行要求。

3. 尾部

（1）加盖行政复议机关印章。

（2）注明通知书的年、月、日。

三、 责令履行行政复议决定通知书的文书样式

见样式66。

═══ 文书二十 ═══
行政复议文书送达回证

一、 文书制作的基本知识

根据《中华人民共和国行政复议法》第四十条规定，行政复议期间的计算和行政复议文书的送达，依照民事诉讼法关于期间、送达的规定执行。

1. 直接送达

送达行政复议文书，应当直接送交受送达人。受送达人是公民的，本人不在交他的同住成年家属签收；受送达人是法人或者其他组织的，应当由法人的法定代表人、其他组织的主要负责人或者该法人、组织负责收件的人签收；受送达人有代理人的，可以送交其代理人签收；受送达人已向相关部门指定代收人的，送交代收人签收。

受送达人的同住成年家属，法人或者其他组织的负责收件的人，诉讼代理人或者代收人在送达回证上签收的日期为送达日期。

2. 留置送达

受送达人或者他的同住成年家属拒绝接收行政复议文书的，送达人应当邀请有关基层组织或者所在单位的代表到场，说明情况，在送达回证上记明拒收事由和日期，由送达人、见证人签名或者盖章，把行政复议文书留在受送达人的住所，并在备注栏中附注说明，即视为送达。

3. 委托送达

直接送达行政复议文书有困难的，可以委托送达，但应注明情况。

×××生态环境厅（局）
责令履行行政复议决定通知书

　　　　　　　　　　　　　　_____〔　〕号

（被责令履行的机关）：

　　（申请人）对你机关（具体行政行为）_____不服提出行政复议申请，本机关已作出行政复议决定（____文号____），并已送达你机关，现你机关未依法履行该行政复议决定。根据《中华人民共和国行政复议法》第三十二条的规定，责令你机关于_____年_____月_____日前履行，并将履行结果书面报告本机关。

　　特此通知

　　　　　　　　　　　　　　　　　　　　　年　月　日
　　　　　　　　　　　　　（行政复议机关印章或者行政复议专用章）

抄送：（申请人、　第三人）

4. 邮寄送达

直接送达行政复议文书有困难的，也可以邮寄送达，此外还可以采用传真、电子邮件等能够确认其收悉的方式送达行政复议文书。采用传真、电子邮件等方式送达行政复议文书，以传真、电子邮件等到达受送达人特定系统的日期为送达日期。邮寄送达的，以回执上注明的收件日期为送达日期。

5. 转交送达

转交送达是对特殊的收件人由有关部门转交行政复议文书的送达方式。受送达人是军人的，通过其所在部队团以上单位的政治机关转交。受送达人是被监禁的，通过其所在监所转交。受送达人被采取强制性教育措施的，通过其所在强制性教育机构转交。

代为转交的机关、单位收到行政复议文书后，必须立即交受送达人签收，以在送达回证上的签收日期，为送达日期。

6. 公告送达

受送达人下落不明，或者用之前的其他方式无法送达的，可采用公告送达的方式。自发出公告之日起，经过 60 日，即视为送达。公告送达时应登记公告时间和公告范围、形式及载体，在案卷中记明原因和经过并将公告载体作附件存档。

二、 行政复议文书送达回证的主要内容

1. 首部

文书的名称。在文书正上方居中写明制作的文书名称：行政复议文书送达回证。

2. 正文

（1）案由 案由书写形式可统一表达为："涉嫌＋具体违法行为类别＋案"。书写案由的关键是确定违法行为和违法行为种类，案由中的违法行为应当从法律条文中予以提取并归纳。

（2）受送达人名称或姓名 与送达文书保持一致，受送达人为法人或其他组织的，应使用全称；受送达人名称或姓名，应与案件当事人一致。

（3）送达文书名称、字号 文书中写明送达的文书名称和字号。

（4）签收人 签收人签名并注明收件日期。当事人以外的其他人代收的，注

明与当事人关系。当事人拒收的，注明拒收情况，并请见证人签名。

（5）送达人及送达方式　写明具体的送达人，送达人应当有两名以上送达人，并在送达回证上签名，写明送达方式。

（6）备注栏　是在表格上附加必要的注释说明而留的一栏。

三、 行政复议文书送达回证的文书样式

见样式 67。

文书二十一
强制执行申请书

一、 文书制作的基本知识

强制执行申请书是公民、法人或其他组织在对方拒不履行裁判确定的义务的情况下，根据已经发生效力的法律文书，向有管辖权的人民法院提出申请，责令对方履行义务时使用的文书。

申请人逾期不起诉又不履行行政复议决定的，或者不履行最终裁决的行政复议决定的，按照如下情形分别处理：

（1）维持具体行政行为的行政复议决定，由作出具体行政行为的行政机关依法强制执行，或者申请人民法院强制执行；

（2）变更具体行政行为的行政复议决定，由行政复议机关依法强制执行，或者申请人民法院强制执行。

二、 强制执行申请书的主要内容

1. 首部

文书的名称。在文书正上方居中写明制作的文书名称：强制执行申请书。

2. 基本信息

申请执行人为公民的，应写明申请人的姓名、住所等相关信息。申请人为法

×××生态环境厅（局）
行政复议文书送达回证

_____〔   〕 号

案由	
受送达人	
送达文书名称、字号	
签收人	
收到日期	
送达人	
送达方式	
留置送达	(送达机关名称)该文书已经送达(当事人姓名或名称)处所(处所名称)，(当事人姓名或名称)拒绝签收。二名见证人签名： 　　　　　　　　　　　　　　　　　年　月　日
备　注	

人或者其他组织的，应写明其全称、住所，法定代表人或主要负责人姓名、职务、电话等相关信息。

写明委托代理人姓名、职务、电话等相关信息。

写明被申请执行人姓名、住址等相关信息。

3. 正文

（1）执行内容　写明已生效的行政复议决定书，包括文书名称、发文文号，这些都是申请执行人申请强制执行的依据。

（2）行政复议决定书的执行情况　写明行政复议决定书的具体信息，包括文书名称、文号以及文书送达日期；申请执行人对于行政复议决定书不履行的具体情况。

（3）强制执行申请　写明申请强制执行的法律依据，根据文书内容写明申请强制执行的具体内容。

（4）申请执行的法院　一般情况下向作出复议决定的行政机关所在地有管辖权的人民法院申请强制执行。

4. 尾部

（1）加盖行政复议机关印章。

（2）注明申请书出具的年、月、日。

三、　强制执行申请书的文书样式

见样式 68。

强制执行申请书

_____〔　　　〕　号

申请执行人：＿＿＿＿＿＿＿＿＿＿＿＿＿　地址：＿＿＿＿＿＿＿＿＿＿＿＿＿

法定代表人：＿＿＿＿＿＿＿＿＿＿　职务：＿＿＿＿＿　电话：＿＿＿＿＿

委托代理人：＿＿＿＿＿＿＿＿＿＿　职务：＿＿＿＿＿　电话：＿＿＿＿＿

被申请执行人：＿＿＿＿＿＿＿＿＿＿　住址：＿＿＿＿＿＿＿＿＿＿＿＿＿

　　申请执行内容：＿＿＿＿＿＿＿＿＿＿＿＿＿＿＿＿＿＿＿＿＿＿＿＿＿＿

　　本机关已将行政复议决定书（＿＿＿文号＿＿＿＿）于 ＿＿＿ 年 ＿＿＿ 月

＿＿＿ 日送达被申请执行人， 被申请执行人在法定期间内既不履行， 又不向

人民法院起诉。 根据《中华人民共和国行政复议法》 第三十三条规定， 现申

请予以强制执行。

　　此　致

××人民法院

年　月　日

（行政复议机关印章或者行政复议专用章）

　　附： 行政复议决定书 1 份。

第 4 章

环境行政诉讼文书

≡ 文书一 ≡
行政起诉状

一、 文书制作的基本知识

行政起诉状，是公民、法人或者其他组织认为行政机关的具体行政行为侵犯其合法权益时，依法请求人民法院行使裁判权给予司法救济时所提交的法律文书。

1. 行政诉讼的受案范围

公民、法人或者其他组织对具有国家行政职权的机关和组织及其工作人员的行政行为不服，依法提起诉讼的，属于人民法院行政诉讼的受案范围。根据《中华人民共和国行政诉讼法》第十二条规定，人民法院受理公民、法人或者其他组织提起的下列诉讼：

（1）对行政拘留、暂扣或者吊销许可证和执照、责令停产停业、没收违法所得、没收非法财物、罚款、警告等行政处罚不服的；

（2）对限制人身自由或者对财产的查封、扣押、冻结等行政强制措施和行政强制执行不服的；

（3）申请行政许可，行政机关拒绝或者在法定期限内不予答复，或者对行政机关作出的有关行政许可的其他决定不服的；

（4）对行政机关作出的关于确认土地、矿藏、水流、森林、山岭、草原、荒地、滩涂、海域等自然资源的所有权或者使用权的决定不服的；

（5）对征收、征用决定及其补偿决定不服的；

（6）申请行政机关履行保护人身权、财产权等合法权益的法定职责，行政机关拒绝履行或者不予答复的；

（7）认为行政机关侵犯其经营自主权或者农村土地承包经营权、农村土地经营权的；

（8）认为行政机关滥用行政权力排除或者限制竞争的；

（9）认为行政机关违法集资、摊派费用或者违法要求履行其他义务的；

（10）认为行政机关没有依法支付抚恤金、最低生活保障待遇或者社会保险待遇的；

（11）认为行政机关不依法履行、未按照约定履行或者违法变更、解除政府特许经营协议、土地房屋征收补偿协议等协议的；

（12）认为行政机关侵犯其他人身权、财产权等合法权益的。除前款规定外，人民法院受理法律、法规规定可以提起诉讼的其他行政案件。

《中华人民共和国行政诉讼法》第十三条规定，人民法院不受理公民、法人或者其他组织对下列事项提起的诉讼：

（1）国防、外交等国家行为；

（2）行政法规、规章或者行政机关制定、发布的具有普遍约束力的决定、命令；

（3）行政机关对行政机关工作人员的奖惩、任免等决定；

（4）法律规定由行政机关最终裁决的行政行为。

2. 提起行政诉讼应当具备的条件

《中华人民共和国行政诉讼法》第四十九条规定，提起行政诉讼应当符合下列条件：

① 原告是符合本法第二十五条规定的公民、法人或者其他组织；

② 有明确的被告；

③ 有具体的诉讼请求和事实根据；

④ 属于人民法院受案范围和受诉人民法院管辖。该法第四十四条规定，对属于人民法院受案范围的行政案件，公民、法人或者其他组织可以先向行政机关申请复议，对复议决定不服的，再向人民法院提起诉讼；也可以直接向人民法院提起诉讼。法律、法规规定应当先向行政机关申请复议，对复议决定不服再向人民法院提起诉讼的，依照法律、法规的规定。

《中华人民共和国行政诉讼法》第五十一条规定，人民法院在接到起诉状时对符合本法规定的起诉条件的，应当登记立案。对当场不能判定是否符合本法规定的起诉条件的，应当接收起诉状，出具注明收到日期的书面凭证，并在 7 日内决定是否立案。不符合起诉条件的，作出不予立案的裁定。裁定书应当载明不予立案的理由。原告对裁定不服的，可以提起上诉。起诉状内容欠缺或者有其他错误的，应当给予指导和释明，并一次性告知当事人需要补正的内容。不得未经指导和释明即以起诉不符合条件为由不接收起诉状。对于不接收起诉状、接收起诉状后不出具书面凭证，以及不一次性告知当事人需要补正的起诉状内容的，当事人可以向上级人民法院投诉，上级人民法院应当责令改正，并对直接负责的主管人员和其他直接责任人员依法给予处分。

3. 提起行政诉讼应当向有管辖权法院提出

根据《中华人民共和国行政诉讼法》规定，原告提起行政诉讼应当向有管辖权的人民法院提出。

（1）级别管辖 《中华人民共和国行政诉讼法》第十四条规定，基层人民法院管辖第一审行政案件。该法第十五条规定，中级人民法院管辖下列第一审行政案件：对国务院部门或者县级以上地方人民政府所作的行政行为提起诉讼的案件；海关处理的案件；本辖区内重大、复杂的案件；其他法律规定由中级人民法院管辖的案件。该法第十六条规定，高级人民法院管辖本辖区内重大、复杂的第一审行政案件。该法第十七条规定，最高人民法院管辖全国范围内重大、复杂的第一审行政案件。此外，根据《最高人民法院关于适用〈中华人民共和国行政诉讼法〉若干问题的解释》第八条规定，作出原行政行为的机关和复议机关为共同被告，以作出原行政行为的行政机关确定案件的级别管辖。

（2）地域管辖 《中华人民共和国行政诉讼法》第十八条规定，行政案件由最初作出行政行为的行政机关所在地人民法院管辖。经复议的案件，也可以由复议机关所在地人民法院管辖。经最高人民法院批准，高级人民法院可以根据审判工作的实际情况，确定若干人民法院跨行政区域管辖行政案件。该法第十九条规定，对限制人身自由的行政强制措施不服提起的诉讼，由被告所在地或者原告所在地人民法院管辖。

（3）特别管辖 《中华人民共和国行政诉讼法》第二十条规定，因不动产提起的行政诉讼，由不动产所在地人民法院管辖。

（4）共同管辖与选择管辖 《中华人民共和国行政诉讼法》第二十一条规定，两个以上人民法院都有管辖权的案件，原告可以选择其中一个人民法院提起诉讼。原告向两个以上有管辖权的人民法院提起诉讼的，由最先立案的人民法院管辖。

4. 提起行政诉讼应当在法定期限内提出

《中华人民共和国行政诉讼法》第四十五条规定，公民、法人或者其他组织不服复议决定的，可以在收到复议决定书之日起十五日内向人民法院提起诉讼。复议机关逾期不作决定的，申请人可以在复议期满之日起十五日内向人民法院提起诉讼。法律另有规定的除外。

该法第四十六条规定，公民、法人或者其他组织直接向人民法院提起诉讼的，应当自知道或者应当知道作出行政行为之日起六个月内提出。法律另有规定的除外。因不动产提起诉讼的案件自行政行为作出之日起超过二十年，其他案件自行政行为作出之日起超过5年提起诉讼的，人民法院不予受理。

该法第四十七条第一款规定，公民、法人或者其他组织申请行政机关履行保护其人身权、财产权等合法权益的法定职责，行政机关在接到申请之日起2个月内不履行的，公民、法人或者其他组织可以向人民法院提起诉讼。法律、法规对行政机关履行职责的期限另有规定的，从其规定。该条第二款规定，公民、法人或者其他组织在紧急情况下请求行政机关履行保护其人身权、财产权等合法权益的法定职责，行政机关不履行的，提起诉讼不受前款规定期限的限制。《最高人民法院关于适用〈中华人民共和国行政诉讼法〉若干问题的解释》第四条规定，公民、法人或者其他组织根据行政诉讼法第四十七条第一款的规定，对行政机关不履行法定职责提起诉讼的，应当在行政机关履行法定职责期限届满之日起六个月内提出。

该法第四十八条规定，公民、法人或者其他组织因不可抗力或者其他不属于其自身的原因耽误起诉期限的，被耽误的时间不计算在起诉期限内。公民、法人或者其他组织因前款规定以外的其他特殊情况耽误起诉期限的，在障碍消除后十日内，可以申请延长期限，是否准许由人民法院决定。

二、 行政起诉状的主要内容

1. 首部

文书的名称。在文书正上方居中写明制作的文书名称：行政起诉状。

2. 基本信息

作为提起行政诉讼的原告，如果原告是公民的，应分别写明姓名、性别、年龄、民族、职业、工作单位和住址。如果原告或者被告是无诉讼行为能力的人，还应写明其法定代理人的姓名、性别、年龄、民族、职业、工作单位和住址。如果原告是法人或组织的，应写明法人或组织的、地址、法定代表人的姓名、职务等。

作为被告的行政机关，应当写明其名称、单位法定代表人的姓名、职务等。

如果原告或者被告委托了诉讼代理人，应写明诉讼代理人的基本情况。

如果有第三人的，还应写明第三人的情况。

3. 正文

（1）诉讼请求事项。公民、法人或者其他组织提起行政诉讼，应针对不服被告行政行为的情况分别提出不同的诉讼请求，可以根据《中华人民共和国行政诉讼法》第四十九条的规定提出下列具体的诉讼请求：请求判决撤销或者变更行政行为；请求判决行政机关履行法定职责或者给付义务；请求判决确认行政行为违法；请求判决行政机关予以赔偿或者补偿；请求解决行政协议争议；请求一并审查规章以下规范性文件等一些诉讼请求。诉讼请求不明确的，人民法院应当予以释明。

（2）事实和理由。首先，应写明被诉行政机关的行政行为及其依据，以及这一行为所侵犯的原告的具体合法权益与后果；其次，反映原告对该行政行为是否申请复议，复议机关是否改变原行政行为及改变的具体内容；再次，基于上述内容阐述和根据有关的法律法规论证、分析具体行政行为的错误，比如作出的具体行政行为所依据的事实不清、证据不足，适用法律、法规错误，违反法定程序等；最后基于本案事实和根据《中华人民共和国行政诉讼法》及其他法律规定，请求人民法院依法裁判。

（3）证据和证据来源　《中华人民共和国行政诉讼法》第三十七条规定，原告可以提供证明行政行为违法的证据。原告提供的证据不成立的，不免除被告的举证责任。同时该法第三十八条规定，在起诉被告不履行法定职责的案件中，原告应当提供其向被告提出申请的证据。但有下列情形之一的除外：①被告应当依职权主动履行法定职责的；②原告因正当理由不能提供证据的。在行政赔偿、补偿的案件中，原告应当对行政行为造成的损害提供证据。因被告的原因导致原告无法举证的，由被告承担举证责任。

（4）写明致送人民法院的名称。

4. 尾部

（1）原告签名或者盖章。原告是法人或者其他组织应当盖章。

（2）注明提交本诉状的年、月、日。

（3）附项。按被告的人数向法院提交起诉状副本。

三、 行政起诉状的文书样式

见样式 69。

行政起诉状

原告： ××××

委托代理人： ××××

被告： ××××

其他当事人： ××××

诉讼请求事项： ……（写明具体、 明确的诉讼请求）。

事实和理由： ……（写明起诉的理由以及相关事实依据， 逐条列明）

　　此致

××××人民法院

原告：（签字盖章）

[法人(盖章)]

××××年××月××日

附： 1. 起诉状副本××份。

　　2. 被诉行政行为××份。

　　3. 其他材料××份。

═ **文书二** ═
行政上诉状

一、 文书制作的基本知识

行政上诉状，是指行政诉讼当事人不服人民法院第一审判决、裁定，在法定期限内按照法定程序，向人民法院提交的请求上一级人民法院撤销、变更一审判决、裁定的法律文书。

行政诉讼实行两审终审制，无论一审原告还是被告如果不服一审判决和裁定的，都可以通过法定程序提起上诉。根据《中华人民共和国行政诉讼法》第二十九条规定，公民、法人或者其他组织同被诉行政行为有利害关系但没有提起诉讼，或者同案件处理结果有利害关系的，可以作为第三人申请参加诉讼，或者由人民法院通知参加诉讼。人民法院判决第三人承担义务或者减损第三人权益的，第三人有权依法提起上诉。可见，原告、被告以及有权提起上诉的第三人行使上诉权，提起上诉，其上诉对象为地方各级人民法院第一审未发生法律效力的判决或裁定。最高人民法院的判决和裁定是终审的判决和裁定，不得上诉。

《中华人民共和国行政诉讼法》第八十五条规定，当事人不服人民法院第一审判决的，有权在判决书送达之日起十五日内向上一级人民法院提起上诉。当事人不服人民法院第一审裁定的，有权在裁定书送达之日起十日内向上一级人民法院提起上诉。逾期不提起上诉的，人民法院的第一审判决或者裁定发生法律效力。

二、 行政上诉状的主要内容

1. 首部

文书的名称。在文书正上方居中写明制作的文书名称：行政上诉状。

2. 基本信息

上诉人或被上诉人是公民的，应分别写明姓名、性别、年龄、民族、职业、工作单位、住址和联系方式。上诉人或被上诉人是法人或其他组织的，应写明其名称、住址、法定代表人或主要负责人姓名、职务、联系方式等项内容。如果有数个上诉人或被上诉人的，则依据他们在案件中的地位和作用，由重到轻分别依次排列。

如果上诉人委托了诉讼代理人，应写明诉讼代理人姓名的基本情况。

3. 正文

（1）案由　写明上诉人提出上诉的判决、裁定的案由、裁定的案由、表明不服哪一法院、何时所作的判决或裁定的编号，并表明上诉的态度。一般表述为"上诉人 _____ 因 _____ 一案，不服 _____ 人民法院 _____ 年 _____ 月 _____ 日作出的（____）字第___号（判决或裁定），现提出上诉"。

（2）上诉请求事项　提出具体的上诉请求事项。

（3）上诉理由　当事人在法定期限内对原审判决提起上诉时应在上诉书状中写明请求和理由，但不论理由是否充分、二审法院均应重新审理。上诉理由主要有：原审事实不清，证据不足；适用法律错误，定罪量刑有错误；违反诉讼程序影响案件正确裁判等。上诉理由正确，就可成为撤销或变更原审裁判的根据。

（4）写明致送人民法院的名称。

4. 尾部

（1）上诉人签名或者盖章。原告是法人或者其他组织加盖单位公章。

（2）注明提交本上诉状的年、月、日。

（3）附项。按被告的人数向法院提交起上诉状副本。

三、 行政上诉状的文书样式

见样式 70。

═══ **文书三** ═══
行政诉讼答辩状

一、 文书制作的基本知识

行政答辩状，是指行政诉讼中的被告或被上诉人针对原告或上诉人在行政起

样式70

行政上诉状

上诉人：××××

被上诉人：××××

上诉人 _____ 因 _____ 一案，不服 _____ 人民法院 _____ 年 _____ 月 _____ 日作出的(_____)字第 _____ 号(判决或裁定)，现提出上诉。

上诉请求事项：……(写明具体、明确的上讼请求)。

上诉理由：……(写明不服原审判决或裁定的事实及理由)

此致

××××人民法院

上诉人：(签字或盖章)

××××年××月××日

附：上诉状副本××份。

诉状或上诉状中提出的诉讼请求、事实与理由，向人民法院作出回应和辩解时所提交的书面法律意见。

根据《中华人民共和国行政诉讼法》第六十七条规定，人民法院应当在立案之日起五日内，将起诉状副本发送被告。被告应当在收到起诉状副本之日起十五日内向人民法院提交作出行政行为的证据和所依据的规范性文件，并提出答辩状。人民法院应当在收到答辩状之日起五日内，将答辩状副本发送原告。被告不提出答辩状的，不影响人民法院审理。

司法实践中，当事人提出上诉，应当按照其他当事人或者诉讼代表人的人数提出上诉状副本。原审人民法院收到上诉状，应当在五日内将起上诉状副本送达其他当事人，对方当事人应当在收到上诉状副本之日起十日内提出答辩状。原审人民法院应当在收到答辩状之日起五日内将副本送达当事人。原审人民法院收到上诉状、答辩状，应当在五日连同全部案卷和证据，报送第二审人民法院。

答辩状分为一审答辩状和二审答辩状，有权制作并向人民法院提交答辩状的主体包括一审中的被告、二审中的被上诉人。

二、 行政诉讼答辩状的主要内容

1. 首部

文书的名称。在文书正上方居中写明制作的文书名称：行政诉讼答辩状。

2. 基本信息

答辩人是公民的，应分别写明姓名、性别、年龄、民族、职业、工作单位、住址和联系方式。答辩人是法人或其他组织的，应写明其名称、住址、电话号码、法定代表人或主要负责人姓名、职务、联系方式等项内容。

3. 正文

（1）案由　写明案件的性质。一般表述为"答辩人 _____ 因（案由）一案，提出答辩如下"。

（2）事实和理由　一般可以从以下几个方面展开来进行答辩：针对起诉状或上诉状中陈述事实方面进行答辩。针对起诉状或上诉状中陈述的理由方面进行答辩。从原告起诉超过诉讼时效、受诉法院不具有管辖权等方面提出答辩或异议。对自己的观点进行归纳，并作总结性的发言或意见。

（3）写明致送人民法院的名称。

4. 尾部

（1）答辩人签名或者盖章。答辩人是法人或者其他组织加盖单位公章。

（2）注明提交答辩状的年、月、日。

（3）附项。按对方当事人的人数向法院提交起答辩状副本份数。

三、 行政诉讼答辩状的文书样式

见样式 71。

══ 文书四 ══
行政诉讼代理词

一、 文书制作的基本知识

行政诉讼代理词，是指行政诉讼中的诉讼代理人接受行政诉讼当事人或其法定代理人、诉讼代表人的委托，在法律规定和被代理人授权范围内为维护被代理人的合法权益，而在法庭辩论阶段或人民法院依法进行书面审理中，以被代理人的名义所作的系统辩论性发言或递交的书面辩论性意见。

根据《中华人民共和国行政诉讼法》第三十一条规定，当事人、法定代理人，可以委托1～2人作为诉讼代理人。下列人员可以被委托为诉讼代理人：①律师、基层法律服务工作者；②当事人的近亲属或者工作人员；③当事人所在社区、单位以及有关社会团体推荐的公民。

根据法律规定和委托人的授权依法参加诉讼、发表代理意见是行政诉讼代理人的重要工作内容。行政诉讼代理词按诉讼程序划分，可以分为一审代理词、二审代理词和再审代理词。按被代理人在诉讼中的地位划分，又可以分为一审原告方代理词、二审被告方代理词；二审上诉方代理词、二审被上诉方代理词；再审申请人一方代理词和再审被申请人一方代理词。

二、 行政诉讼代理词的主要内容

1. 首部
文书的名称。在文书正上方居中写明制作的文书名称：行政诉讼代理词。

2. 序言
（1）写明称呼语即"审判长、审判员"。

（2）向法庭说明出庭代理的合法性依据，如"我依法接受_____的委

样式71

行政诉讼答辩状

答辩人： ××××

法定代表人： ××××

委托代理人： ××××

答辩人 _____ 因___（案由）___一案， 提出答辩如下：

答辩请求事项： ……（写明具体、 明确的答辩请求）。

事实和理由： ……（写明答辩的观点、 事实及理由）。

此致

××××人民法院

答辩人：（签字或盖章）

××××年××月××日

附： 1. 答辩状副本××份。

　　 2. 其他文件××份。

　　 3. 证物或书证××件。

托，担任____的诉讼代理人"。

（3）向法庭简要说明代理人出庭前所进行的准备工作，如阅读起诉书、会见当事人、阅读案卷材料、进行调查收集证据等有关情况。

（4）表明对本案的基本态度。

3. 正文

正文是代理词的主体部分，是代理人为维护原告或被告，上诉人或被上诉人的合法权益和履行法定职责所作的阐述。应该针对起诉书、上诉状或一审判决书所认定的本案事实和证据出发，根据法律规定，阐述和论证代理意见。

行政诉讼代理词的内容应根据委托人在诉讼中所处的地位、案件的性质、审理程序等因素来加以确定和进行制作。诉讼代理人在制作代理词时，可以从以下方面进行阐述和论证：通过陈述纠纷事实，提供相关证据加以支持委托人的诉讼主张，并根据委托人的诉讼地位不同，对陈述和论证的侧重点有所不同。原告方的代理词以起诉状为基础，重点陈述和分析事实，并根据当事人双方权利义务关系，阐述和论证诉讼请求的合法性和正当性。而被告方的代理词则主要针对原告方阐述的事实、向法庭提供的证据的真实性提出质疑，对法律理解与适用错误等进行批驳。二审中的上诉方代理词则以上诉状为基础，针对原审裁决和对方意见进行分析辩驳，分析和论证己方意见。而被上诉方代理词通过对上诉人的上诉请求和实施理由进行分析、评判和反驳，证明原裁判的正确性，以维护原裁判所支持的己方权益。特别值得注意的是，作为被告、上诉人或者被上诉人一方的行政机关，对作出的具体行政行为负有举证责任，应当提供作出该具体行政行为的证据和所依据的规范性文件。否则，其诉讼主张和辩护意见将不被法庭采纳。最后，诉讼代理人对代理意见可以进行总结性发言，请求法院充分考虑和采纳代理意见。

4. 尾部

（1）诉讼代理人签名。

（2）写明代理词制作或提交的年、月、日。

三、 行政诉讼代理词的文书样式

见样式72。

行政诉讼代理词

审判长、审判员：

　　我依法接受 _____ 的委托，担任 _____ 的诉讼代理人，出庭参与诉讼活动。现就本案争议事实，发表代理意见如下：

_____

_____

诉讼代理人：（签名）

××××年××月××日

≡ **文书五** ≡
行政诉讼再审申请书

一、 文书制作的基本知识

行政诉讼再审申请书，是行政诉讼当事人对已经发生法律效力的判决、裁定，认为确有错误的，向原审人民法院的上一级人民法院申请再审的法律文书。

根据《中华人民共和国行政诉讼法》第九十条规定，当事人对已经发生法律效力的判决、裁定，认为确有错误的，可以向上一级人民法院申请再审，但判决、裁定不停止执行。该法第九十一条规定，当事人的申请符合下列情形之一的，人民法院应当再审：

(1) 不予立案或者驳回起诉确有错误的；

(2) 有新的证据，足以推翻原判决、裁定的；

(3) 原判决、裁定认定事实的主要证据不足、未经质证或者系伪造的；

(4) 原判决、裁定适用法律、法规确有错误的；

(5) 违反法律规定的诉讼程序，可能影响公正审判的；

(6) 原判决、裁定遗漏诉讼请求的；

(7) 据以作出原判决、裁定的法律文书被撤销或者变更的；

(8) 审判人员在审理该案件时有贪污受贿、徇私舞弊、枉法裁判行为的。

当事人申请再审，应当在判决、裁定发生法律效力后2年内提出。当事人对已经发生法律效力的行政赔偿调解书，提出证据证明调解违反自愿原则或者调解协议的内容违反法律规定，可以在2年内申请再审。人民法院接到当事人的再审申请后，经审查，符合再审条件的，应当立案并及时通知各方当事人；不符合再审条件的，予以驳回。

二、 行政诉讼再审申请书的主要内容

1. 首部

文书的名称。在文书正上方居中写明制作的文书名称：行政诉讼再审申请书。

2. 当事人的基本信息

申请人是公民的，应分别写明姓名、性别、年龄、民族、籍贯、职业、工作单位、住址和联系方式。申请人是法人或其他组织的，应写明其名称、住址、电话号码、法定代表人或主要负责人姓名、职务、联系方式等项内容。

如果申请人是无诉讼行为能力的公民，应写明其法定代理人的姓名、性别、年龄、民族、职业、工作单位和住址等基本情况及其与申请人的关系。

3. 正文

（1）案由　写明申请人对哪一人民法院何时所作的生效裁判或调解书不服，申请再审。

（2）申请请求事项　简明扼要地提出请求人民法院对本案按照审判监督程序进行再审，并依法变更或撤销原裁判。

（3）事实和理由　首先，陈述案件事实，并以相关确凿的证据加以证实。在此基础上，可以从以下方面阐述生效裁判的错误：通过提供新的证据，以推翻原判决、裁定的事实基础，揭示原裁判所存在的证据矛盾或证据不足、原判决或裁定适用法律的错误、违反法定程序判决、裁定。其次，在上述基础上，根据法律有关规定提出申请再审的具体请求。

（4）写明致送人民法院的名称。

4. 尾部

（1）再审申请人签名或者盖章。申请人是法人或者其他组织的，应由法定代表人或主要负责人签名并加盖单位公章。

（2）注明提交申请书的年、月、日。

（3）附项。列明证据名称、数量，证人姓名、住址。

三、 行政诉讼再审申请书的文书样式

见样式73。

行政诉讼再审申请书

申请人：××××

被申请人：××××

申请人 ＿＿＿＿＿ 因 ＿＿＿＿＿ 一案，不服 ＿＿＿＿＿ 人民法院 ＿＿＿＿＿ 年 ＿＿＿＿＿ 月 ＿＿＿＿ 日作出的（＿＿＿）字第＿＿＿号（判决、裁定或调解），根据 ＿＿＿＿＿ 的规定（写明申请再审的法律依据），现提出再审申请。

申请请求事项：……（写明具体、明确的申请请求）。

事实和理由：……（写明具体的申请事实、理由以及具体的法律依据）

此致

××××人民法院

再审申请人：（签字或盖章）

××××年××月××日

附：　1. 再审申请书副本××份。

　　　2. 再审裁判文书副本××份。

　　　3. 证据名称、份数；证人姓名、住址。